ちくま新書

40代からのお金の教科書

栗本大介
Kurimoto Daisuke

1130

40代からのお金の教科書【目次】

はじめに

40代はお金の不安に備えるラストチャンス

「将来のお金について不安がありますか？」

この質問に自信をもって「ありません！」と断言できる方は多くはないでしょう。程度の違いはあれど、ほとんどの人がお金について何らかの心配事をかかえているはずです。

「もう少しお金に余裕があれば……」と懐具合を嘆く人に会うことがありますが、そのような人に、「いくらお金があれば、その不安は解消されますか？」と尋ねても、明確な金額を即答できる方はほとんどいません。

そもそもお金は勝手に「貯まる」ものではありません。意識して「貯める」必要があります。**そのためには「貯めるための仕組みや習慣」を学ぶことが欠かせません。**ですが、こうした仕組みを学び、習慣を身につける機会は、なかなか訪れないものです。

日本では20歳で成人式を迎えます。この年頃から自分の力でお金を稼ぎ、ぼちぼち独り立ちしていくものです。しかしながら、そのときまでに「お金まわりの知識」を教えてもらえるとは限りません。

お金まわりの知識とは、「生活に必要な収入や支出、金融資産やローンなどと適切に向き合うために役立つ知識」と本書では定義します。読者のなかには、この知識をまったく勉強しないままに、40代を迎えた人も多いのではないでしょうか？

「第2の成人式」と表現されることもある40歳という年齢は、社会人としての折り返し地点でもあり、人生80年時代の折り返し地点でもあります。そして、将来のお金の不安に備えるラストチャンスでもあるのです。

最強のセオリーでお金の不安を解消しよう！

ここで私が受けた相談事例をご紹介します。40代の鈴木さん（男性）のケースです。鈴木さんは、会社の退職金制度が変わったことをきっかけに、ファイナンシャル・プランナー（以下、ＦＰ）である私のところへ相談にきました。

相談を受けたＦＰは、まず相談者の家族状況や将来に対する考え方などを尋ね、ライフプラン表やキャッシュフロー表を作成することが一般的です。鈴木さんの場合もキャッシュフロー表を作り、将来の資金需要を考えながら相談にのりました。すると、驚愕すべき未来像が浮かびあがったのです。

「え？　私はこのままだと60歳以前に、お金が足りなくなるんですか？」

その後、保険や住宅ローンなどの見直しをすすめ、60歳時点でも一定の貯金が残るように生活設計の改善を提案しました。「もしも何も知らずにこのまま過ごしていたら、老後の生活はどうなっていたのか。それを想像すると恐ろしい……」と鈴木さんは青ざめた顔でつぶやいていました。確かに、気づくのがあと10年遅ければ、時間が足りなかったし、取れる対策も限定されていたでしょう。

お金のことを真剣に考えるとき、40代がラストチャンスだと考える理由はここにあります。

鈴木さんがどのような見直しをしたのかは第5章で詳しく見るとして、ここで強調しておきたいことは、「**目の前に困った問題がなければ、お金のことを真剣に考えることは絶対にない。**その結果、あらかじめ準備しておけば避けられたはずのトラブルに巻き込まれ、その解消に有効な選択肢が少なくなる」ということでしょう。

本書には、私がこれまでに受けた、総計１４００人の個別面談をとおして得た情報のエッセンスをまとめました。大切な友人から、「お金まわりについて、これだけは知っておきたい知識って何？」と質問された場合に、私が答える内容をまとめたつもりです。

40代にはさまざまな状況と立場がありますが、どのような人であっても最初の一歩として知っておくべき最強のセオリーを詰めこんであります。

また、本書で得た知識はご自身のプラン作りに生かしてこそ意味があります。表紙カバーの裏に白紙のキャッシュフロー表を用意しましたので、ご自身のプラン作りにご活用ください。

これから先、20年、30年、40年と生きていくなかで生じる出来事をイメージし、その時に何が問題になり、何に備えておけばいいのか。そんなことを知りたいあなたにとって、この本から得られるヒントは少なくないはずです。それによって、日々の生活で感じる不安が、少しでも和らぎ、お金に関連したトラブルを回避できれば、これほど嬉しいことはありません。

第1章

40代のお金の現状

1　40代の環境は人によって大きく違う

「人生いろいろ」とはよく言ったもので、40代は、それぞれ置かれている環境に大きな違いがあります。結婚をして子どもがいる家庭であれば、将来の教育費が気になる時期でもあるでしょう。親御さんがご健在であれば、相続や介護を心配することがあるかもしれません。仕事の面では、責任あるポジションに就く人も多くなり、独立して仕事をしている人も含め、今までのように「わからなければ周りに聞く」ことが簡単にはできなくなりがちです。

お金に関する多くの相談を受けてきた経験上いえるのは、40代のお金の現状は「人によって違いが大きい」ということです。そもそも、お金まわりの話には正解はありません。その人の環境の違いはもちろん、考え方や価値観によっても必要となる知識や情報が全く違います。それにもかかわらず、自分の実態に合わない情報にもとづいて判断していれば、いずれ選択を誤るのは火を見るよりも明らかです。

たとえて言えば、出発地と目的地が違う旅なのに、その旅程にそぐわないガイドブックを参照しているようなものでしょう。自分自身は「オーロラを見る旅」を求めているのに、多くの人が行く「夏の南の島」のガイドブックを読んでいれば、なんの役にも立たないのは当然です。

人によって求める条件はさまざまなのに、みんなが同じ情報しか見ていないのであれば、役に立たないことや関係ないことが出てきて当然なのです。高校や大学を卒業する時には、友人とそれほど大きな差はなかったかもしれませんが、40代を迎えると、考え方や環境にずいぶん違いがあります。**考え方や環境が違うのに、同じ情報をもとに行動していては、自分が望む結果にたどり着けません。いつまでたっても不安から逃れられないのです。**この点を、まずはしっかり理解する必要があります。

そのうえで自分に合った情報を求める。その時には「ベースとなる基礎知識」が不可欠です。この本を読み進めることでぜひ身につけてください。

2 「標準」がない時代

†世帯構成を意識する

40代に限らず、現代は多様性が拡大し、「標準的なケース」というものが成り立ちづらい時代です。暮らしていくためにお金はいくら必要なのか、将来的に準備しなければならない資金額はいくらなのか、お金の状況は人によってさまざまです。こうした千差万別なお金の状況をうみだす要因は、今の生活水準や、今後の生活のあり方など多岐にわたりますが、とりわけ大きな要因として指摘しなければならないのは世帯構成です。世帯構成の違いは、仕事を引退した後（退職後）の生活に大きな影響をあたえます。

５年に１度行われている国勢調査によりますと、２０１０年10月１日時点の日本の世帯数は、５１８４万２０００世帯（一般世帯の総数）。このなかで最も多いのは「１人世帯」で、全体の32・４％を占めています。ここで、一口に「１人世帯」といってもその状況はさまざまです。たとえば年齢別で「1人世帯の割合」を見た場合、男性は20〜24歳が最も多く、女性は80〜84歳が最も多い。これは説明するまでもないと思いますが、たとえ今現**在パートナーがいたとしても、平均寿命からして長生きである女性は、老後に1人で生活する可能性を意識しておかなければいけないということです。**

ＦＰが主催する「おひとり様向けのセミナー」では、女性が多く参加される傾向にあります。参加者のほとんどは「自分自身の老後」を不安視しており、「親の健康問題」をきっかけとしてセミナーへ参加されるケースが多いようです。

†DINKSの場合

同じことが、ＤＩＮＫＳの方にもいえそうです。

ＤＩＮＫＳとは、「Double Income No Kids」の略で、共働きで子どもを持たない夫婦のことを表す言葉です。子どもを持たないというのが、意図的かそうでないかは別として、事実として「自分の身の回りのことが1人でできなくなった時にどうするのか？」という将来の不安に向き合わなければなりません。パートナーの一方が元気でいるうちは、夫婦で支え合って生きることができますが、一方が健康を損なったり、先に亡くなった場合は、独身と同じ状況になります。

それ以前に、お話をお聞きしていると「パートナーに迷惑を掛けたくない」と考えている人が意外と多いようで、そのためにも「不安を和らげるだけの経済的な準備」が大切になりそうです。

3　まわりの人は何をやっているのでしょう？

さて、人それぞれ考え方や環境が異なるので、自分が求める情報が何であるかを判断しなければなりません。そのためには、まずは基準となる「目安」が必要です。

先ほどの旅行の話でいえば、「往復の飛行機代と宿泊費」や「一般的な旅行行程（日数）」などについての目安を知っていないと、提示された金額が高いのか安いのか、その行程に無理があるのかないのかを判断できません。それと同じです。

たとえば食費について考えてみましょう。

ある人が「外食を除く食費に毎月5万円を使っている」とします。この金額を聞いて、あなたは多いと思いますか？　少ないと思いますか？

当然ですが、これが1人暮らしなのか、家族5人の食費なのかによって意味が全然違っできます。また、同じ「4人家族の食費」だとしても、実家からお米やお野菜をもらうことができるケースと、そうでないケースでは捉え方が異なります。ちなみに、家計調査（2014年、2人以上の勤労世帯）による食費の月平均額は7万1189円となっているので、全国平均からすれば少なく抑えていることになります。

ただし、この「平均」という言葉にも注意が必要です。

仮に「食費2万円」の家族と「食費10万円」の家族がいたとして、この2家族の平均をとると毎月の食費は6万円（＝「(2万円＋10万円）÷2」）となりますが、この数字にはどんな意味があるでしょうか？「食費2万円の家族」がこの数字を見て、「平均よりずいぶん少ないから、もう少し食費を増やしてもいいかな？」と考えるのは危険ですよね。2万円の食費でストレスなく生活できているのであれば、それでいいわけです。

とにかく大切なのは、「周りはどうなのか？」を知ることではなく、「自分が実際にどの程度使っているのか」を知ることです。これは家計簿をつけていればすぐにわかります。もし家計簿をつけていないのであれば、「自分が考える、1カ月にかけてもいいお金」を書き出してみてください。正確な金額を把握していなくても、「月々の食費はだいたい5万円」という見当があるならば、月はじめに食費として「5万円」をいれた封筒を用意し、今月の食費はその封筒から支払うようにします。支出後のレシートもその封筒に入れましょう。だから、レシートは必ず受け取る癖をつけることが大切です。

　こうすると、１カ月を待たずにお金が底をつくか、１カ月経ってもお金が残っているのかが一目瞭然です。しかも、「残り10日」で1万円を切っていたとすると、「無駄な支出は控えよう」という倹約の意識も働きますので一石二鳥かもしれません。

　ここで大切なことは、「自分の考えている金銭感覚」と「実際に使っている数字」の誤差を認識することです。

収入と支出の平均金額

　一方で、「自分の金銭感覚が世間からずれていないか？」を確認するためにも、目安を知ることは大切です。この機会に世の中の相場観も見ておきましょう。

「私の金銭感覚は普通ですか？」というご質問を多く頂きます。何をもって普通とするかはさておき、平均的な相場観を知っておくことはとても重要です。

　家計の状況を知るデータはさまざまなものがあります。代表的なもののひとつに、総務省が毎月発表している「家計調査」があります。

　２人以上の勤労者世帯で２０１４年の年間データを見ると、１カ月あたりの「実収入」の全国平均額が51万９７６１円です。実収入とは「世帯全体の現金収入」で配偶者のパート収入、ボーナスを月額換算した金額、駐車場の賃料収入なども含めた金額となるため、単純にイメージする月収よりも多くなります。ちなみに、毎月の月収に近い数字は、実収入のなかで「勤め先収入」のうちの「世帯主収入」の「定期収入」で、こちらは34万８６０８円となり、イメージする実態に近いでしょう。

また、これを世帯主の年齢別でみたものが図表１-１です。

これによると、実収入は30歳未満で38万５９７４円、40～49歳は56万５６９７円となるので、月額にして18万円ほどの差があります。「年功序列賃金は崩壊した」といわれて久しいですが、実際にはやはり年齢を重ねるごとに収入金額は増えています。

つぎに支出をみていきましょう。支出には大きく分けて「消費支出」と「非消費支出」があります。非消費支出とは、「所得税・住民税などの税金」や「公的年金・健康保険などの社会保険料」を指します。制度として決まっているため、自分の意思で使い道や金額を決めることができない支出で、これが９万６２２１円。実収入から非消費支出を差し引いたものを自由に使えるお金という意味で「可処分所得」と呼び、いわゆる「手取り額」といわれるものになります。

一方の消費支出とは、自分自身の意思で使った金額で、食費や住居費や光熱費など、家計に関わる支出項目がすべて入り、全国平均では31万８７５５円となっています。

（円）

	平均	30歳未満	30～39歳	40～49歳	50～59歳	60歳以上
実収入	519,761	385,974	485,909	565,697	590,727	399,755
非消費支出	96,221	58,111	82,131	107,121	119,803	66,143
可処分所得	423,541	327,863	403,778	458,577	470,924	333,612
消費支出	318,755	247,177	272,884	328,118	354,119	316,106

出所）総務省家計調査「世帯主の年齢階級別家計支出（2人以上　勤労者世帯）」（2014年平均）

図表1－1　世帯主の年齢階級別家計収支

実収入が51万9761円で、非消費支出が9万6221円ですから、可処分所得は42万3541円（1円未満の端数あり）。この可処分所得に対する消費支出の割合を消費性向といいますが、全国平均では75・3％となります。

ご自身の家計と比較してみていかがでしょうか？

ここで、私が今までにご相談を受けてきたなかで、よく見かけるケースを紹介しましょう。ひとつは「ボーナスを考慮しても厳しい予算制約のなかでやりくりする東野さんのケース」、もうひとつは「ボーナスを入れると比較的ゆとりのある家計運営をしている蜂谷さんのケース」です

これを見ると東野さんの家計では、毎月のやりくりがお金の不足する赤字なので、将来に対する十分な貯蓄ができません。一方の蜂谷さんは、住宅の購入によって貯蓄額は少ないものの比較的ゆとりのある家計運営をしていますが、将来はどうなるかわかりません。

今の家計を見ているだけではわからない、将来のお金の

（円）

消費支出	2人以上世帯のうち勤労者世帯	2人以上世帯	2人以上世帯のうち世帯主年齢40～49歳	単身世帯のうち勤労者世帯
食料	71,189	69,926	74,779	44,364
住居	20,467	17,919	16,909	30,069
光熱・水道	23,397	23,799	23,624	9,653
家具・家事用品	10,868	10,633	9,983	3,572
被服及び履物	13,730	11,983	15,139	8,106
保健医療	11,279	12,838	10,253	5,684
交通・通信	53,405	41,912	52,676	26,763
教育	18,094	10,936	28,735	0
教養娯楽	30,435	28,942	33,806	21,681
その他の消費支出	65,890	62,305	57,082	29,721
合計	318,754	291,193	322,986	179,613

※端数の関係で合計の1円単位は必ずしも一致しない
出所）2014年総務省家計調査

図表1－2　消費支出の月平均額

流れの変化を知るには、キャッシュフロー表というものを利用します。

これは、現在の収支状況をもとに、将来発生するイベントによる収入や支出の変化を加味し、お金の流れを一覧表にしたものです。私たちFPが家計に関わる相談を受けた際に必ず作るものです。

東野家と蜂谷家のケースでは、毎月赤字でやりくりに苦労していた東野家の方が15年後の貯蓄残高が多いことに気づきます。その理由を読み解きながら、必ずしも今ゆとりのある人が、将来にわたってもゆとりがあるとは限らないこ

東野さん

・本人（44歳）、妻（44歳）、長女（15歳）、長男（13歳）
・教育費には塾の費用を含む
・夫婦のお小遣いは雑費に含まれる

■収入	月額	賞与（1回分）
額面収入	¥280,000	
手取り収入	¥232,000	¥350,000
妻パート収入	¥50,000	−
手取り収入合計		¥4,084,000
■支出	毎月の支出	年間支出
食費	¥52,000	¥900,000
光熱費	¥15,000	
通信費	¥8,000	
保険料	¥16,500	¥198,000
教育費	¥58,300	¥700,000
家賃	¥83,000	¥996,000
住宅ローン返済	¥0	¥0
車関連費	¥14,000	¥168,000
その他雑費	¥50,000	¥600,000
支出合計	¥296,800	¥3,562,000

蜂谷さん

・本人（44歳）、妻（44歳）、長男（8歳）、二男（5歳）
・4年前に住宅を購入
・夫婦のお小遣いは雑費に含まれる

■収入	月額	賞与（1回分）
額面収入	¥400,000	
手取り収入	¥328,000	¥500,000
妻パート収入	¥50,000	−
手取り収入合計		¥5,536,000
■支出	毎月の支出	年間支出
食費	¥60,000	¥1,116,000
光熱費	¥20,000	
通信費	¥13,000	
保険料	¥33,000	¥396,000
教育費	¥45,000	¥540,000
住居関連費	¥20,000	¥240,000
住宅ローン返済	¥86,400	¥1,036,800
車関連費	¥25,000	¥300,000
その他雑費	¥60,000	¥720,000
支出合計	¥362,400	¥4,348,000

図表1－3　40代世帯の家計の実態例

（単位：万円）

6年	7年	8年	9年	10年	11年	12年	13年	14年	15年
2021年	2022年	2023年	2024年	2025年	2026年	2027年	2028年	2029年	2030年
50歳	51歳	52歳	53歳	54歳	55歳	56歳	57歳	58歳	59歳
50歳	51歳	52歳	53歳	54歳	55歳	56歳	57歳	58歳	59歳
21歳	22歳	23歳	24歳	25歳	26歳	27歳	28歳	29歳	30歳
19歳	20歳	21歳	22歳	23歳	24歳	25歳	26歳	27歳	28歳
長男：大学？									
				車の買い替え					
369	373	377	381	384	388	392	396	400	404
60	60	60	60	60	60	0	0	0	0
429	433	437	441	444	448	392	396	400	404
101	103	105	108	110	112	114	116	119	121
100	100	100	100	100	100	100	100	100	100
300	240	120	120						
20	20	20	20	20	20	20	20	20	20
17	17	17	17	17	137	17	17	17	17
60	60	60	60	60	60	60	60	60	60
598	540	422	425	307	429	311	313	316	318
−169	−107	14	16	158	19	81	83	84	86
65	−42	−28	−12	126	145	226	309	393	479

十分な貯蓄がないまま教育費の負担で赤字が続く

教育ローンの活用や親からの援助がなければ家計破綻状態に

年間収支の範囲内で車を購入

教育費負担がおわり毎年の収支が改善

15年後の貯蓄残高は蜂谷家より多い

（単位：万円）

6年	7年	8年	9年	10年	11年	12年	13年	14年	15年
2021年	2022年	2023年	2024年	2025年	2026年	2027年	2028年	2029年	2030年
50歳	51歳	52歳	53歳	54歳	55歳	56歳	57歳	58歳	59歳
50歳	51歳	52歳	53歳	54歳	55歳	56歳	57歳	58歳	59歳
14歳	15歳	16歳	17歳	18歳	19歳	20歳	21歳	22歳	23歳
11歳	12歳	13歳	14歳	15歳	16歳	17歳	18歳	19歳	20歳
	長女：高校			長女：大学？					
	長男：中学校			長男：高校			長男：大学？		
				車の買い替え					
524	530	535	540	546	551	557	562	568	574
60	60	60	60	60	60	0	0	0	0
584	590	595	600	606	611	557	562	568	574
126	129	131	134	137	139	142	145	148	151
128	128	128	128	128	128	128	128	128	128
76	76	150	142	142	280	217	217	300	120
40	40	40	40	40	40	40	40	40	40
30	30	30	30	280	30	30	30	30	30
72	72	72	72	72	72	72	72	72	72
472	475	551	546	799	689	629	632	718	541
112	115	44	54	−193	−78	−72	−70	−150	33
532	647	691	745	552	474	402	332	182	215

再び車の購入

教育費負担の大きい時期が54歳以降にくる

貯蓄が減ったタイミングで、退職時期を迎える

経過年数		0年	1年	2年	3年	4年	5年
西暦	上昇率	2015年	2016年	2017年	2018年	2019年	2020年
本人		44歳	45歳	46歳	47歳	48歳	49歳
配偶者		44歳	45歳	46歳	47歳	48歳	49歳
長女		15歳	16歳	17歳	18歳	19歳	20歳
長男		13歳	14歳	15歳	16歳	17歳	18歳
ライフイベント		長男：中学校	長女：高校		長男：高校	長女：大学？	
収入（夫手取り）	1.00%	348	351	355	359	362	366
収入（妻手取り）	0.00%	60	60	60	60	60	60
一時的な収入							
収入合計		408	411	415	419	422	426
基本生活費	2.00%	90	92	94	96	97	99
住居費	−	100	100	100	100	100	100
教育費	−	70	70	59	89	219	159
保険料	−	20	20	20	20	20	20
車関連費	−	17	17	17	17	17	17
その他の支出	0.00%	60	60	60	60	60	60
支出合計		357	359	350	382	513	455
年間収支		51	53	65	37	−91	−30
貯蓄残高	0.00%	200	253	318	355	264	234

図表1－4　厳しい予算制約のなかでやりくりする東野家のキャッシュフロー表

経過年数		0年	1年	2年	3年	4年	5年
西暦	上昇率	2015年	2016年	2017年	2018年	2019年	2020年
本人		44歳	45歳	46歳	47歳	48歳	49歳
配偶者		44歳	45歳	46歳	47歳	48歳	49歳
長女		8歳	9歳	10歳	11歳	12歳	13歳
長男		5歳	6歳	7歳	8歳	9歳	10歳
ライフイベント				長男：小学校 車の買い替え		海外旅行	長女：中学校
収入（夫手取り）	1.00%	494	499	504	509	514	519
収入（妻手取り）	0.00%	60	60	60	60	60	60
一時的な収入							
収入合計		554	559	564	569	574	579
基本生活費	2.00%	112	114	117	119	121	124
住居費	−	128	128	128	128	128	128
教育費	−	54	54	72	62	62	81
保険料	−	40	40	40	40	40	40
車関連費	−	30	30	280	30	30	30
その他の支出	0.00%	72	72	72	72	72	122
支出合計		436	438	709	451	453	525
年間収支		118	121	−145	118	121	55
貯蓄残高	0.00%	150	271	126	244	365	420

車の購入時以外は、比較的ゆとりのある年間収支が続く

図表1－5　ゆとりのある家計運営をしている蜂谷家のキャッシュフロー表

とを理解してください。

お金まわりのことを考えるときに重要なのは、現状を知ることと同様に、「このままいけば将来どうなるのか？」を見通すことです。ご覧いただければ分かるように、キャッシュフロー表は複雑なものではありません。この機会にご自身で作られることをお奨めします。

ライフプラン表やキャッシュフロー表の作成方法は、株式会社エフピーオアシスの公式サイトでご紹介しています。また、本書のカバー裏には書き込み式の白紙キャッシュフロー表をつけていますので、こちらもぜひご活用ください。

▼FP OASiS community http://fpoasis.jp/modules/smartinvest/item.php?itemid=6

4　誰もが考えていそうで考えていないこと

こうした状況は、客観的にみると当たり前のように思えます。しかし、いざ自分が当事者となることを想定してみると、漠然とした不安がつのる一方で、具体的な対策や行動をとっていない人が多いものです。

高度成長の時代が終わりを迎えるころに誕生し、物心ついた時にはあまり不自由のない生活を送ってきたであろう40代は、お金まわりについて無頓着な人が少なくありません。たとえば、住宅の購入など大きな買い物をするときに、「住宅ローンをいくらまで組んでいいのか?」「何年のローンを組むべきか?」「金利は変動金利か固定金利かどちらがいいのか?」などの問題について自分一人では決断できず、いかに不勉強であったかに気づかされるものです。そして、**こうした問題に直面した時には、決断を下すまでに時間的なゆとりがないケースも多く、その結果、好ましくない提案を誤って受け入れることがあります。**

これは「業者の言いなり」という言葉で片付けられる話ではなく、「判断すべきポイントを知らなかったから、お任せする以外に選択肢がなかった」という自分自身の問題としてとらえるべきでしょう。

こんな時によく耳にするのが「他の人はどうしているんだろう?」という素朴な疑問です。実は、多くの人があなたと同じで、**「他の人はどうしているんだろう?」と迷いながら、目の前に示された選択肢のなかから最も違和感のないプランを選んでいるのです。**問題は、その選択肢のなかに「自分にとってベストなプラン」が含まれていない可能性があることと、それに気づくことができないことです。

海外のレストランに入り、メニューが全く読めない状況を想像してみてください。メニューを読んでも料理が想像できないので、最後は、ガイドブックで覚えたカタコトの現地語を使って「おすすめはどれですか？」と尋ねたとしましょう。もちろん、ウエイターは親切に説明してくれるでしょう。やがて頼んだ料理が運ばれてきて、皿の上のひと切れを口に入れた瞬間、あなたは後悔するかもしれません。

「しまった。辛いものは食べられない……」

この場合、料理には辛いものがあることと、自分は辛いものが苦手であることが認識できていれば、たとえ料理の内容がわからなくても、「それは辛くないですか？」と質問できたはずです。「しまった！」と後悔することも防げたのではないでしょうか？

これが「お任せ」という選択肢に潜む罠なのです。

お金まわりの話もまったく同じだと考えてください。

当面、切羽詰まった問題がないとしても、将来の最適な状況を得るために、いま何が必要なのかを考えて行動し、知識や情報を仕入れておくことが大切なのです。当たり前のように感じますが、実際には多くの人が意識していないのです。

先ほどのレストランの話でいうと、「自分で注文したのだから、仕方がない。我慢して食べることにしよう」と諦めるかもしれませんが、実際にはもっと自分が望む料理があったはずだし、事前に状況を想像して準備をしておけば、望ましい料理を選べたはずです。失われたチャンスを考えると、とてももったいない話です。

「人生には無駄なことはひとつもない」という言葉はありますが、実際には「もったいない」ことはたくさんあります。投資で失敗した人が「あの損失は授業料と思えば安いものだ……」とうそぶくこともあるけれど、**授業料をずっと支払いつづけるわけにもいかない**でしょう。生命保険も、基本的な考え方を知り、不必要な保険に加入しなければ、生涯で数十万円から数百万円の無駄な支出を防げます。「知らないがゆえに、必要ないものを買ってしまう」のは、「もったいない」ではなく、明らかに「無駄」なのです。

「必要となったら、そのときに調べればいい」という考えもあります。しかし、そうだとしても「基礎知識」があるのとないのとでは、調べられる範囲に差が出ますし、得られる情報の質も変わります。また、人に騙される可能性も低くなります。「騙される」という表現は少し語弊があるかもしれませんが、ここまでにも何度か触れてきたとおり、お金まわりの知識には唯一の答えはなく、本人の考え方や価値観に左右される部分が多くあります。専門家からアドバイスを受けたとしても、たとえその内容が間違っていなかったとしても、自分の価値観とずれていたらあなたにとって有益ではないのです。

「こういう時にどう考えればいいの？」

私が、自分の大切な友人からこのような質問を受けた時に伝えたいこと。次章からは具体的にその内容をお伝えしていきます。

第2章 お金のことを考える最初の一歩

1 地図がないまま旅行に行くとどうなるか?

†まずはライフプランから

前章では、普段から「将来に備えて考えておく」ことの大切さを確認しました。実際に、「じゃあ、何から始めればいいのか?」という質問を受けることは多くありますが、この質問に対する私の答えは「まずライフプランを立てましょう」です。

ライフプランというのは直訳すると「生活設計」で、ようするに「人生の地図」だと考えてください。みなさんが初めて訪れる土地を旅行する際、地図を持たなければどうなるでしょう？

地図を持たず、その時々の気分で行動をするのは自由気ままで楽しいし、思いがけない発見があるかもしれません。時間がたっぷりあるのなら、それもいいでしょう。でも、限られた時間内で観ておきたい場所があるとすれば、そんな悠長な旅はできないはずです。ましてや、たとえ道を間違えても引き返すことができないと言われれば、地図を持たずに移動することは不安になるはずです。

†時間は巻き戻せない

「そのうちにお金が貯まればいい」「貯まらなければ仕方ない」と割り切ることもひとつの考え方です。でも、**多くの人は「時間」を無視することができません。**いま45歳であれば、あと15年たてば60歳になり、今と同じようなペースで仕事をすることができないかもしれません。35〜40年が経てば、日本人の平均寿命に達します。もしも10歳の子どもがいれば、あと5年たてば高校受験、8年後には大学進学を考える時期になり、その時には多かれ少なかれお金の問題に直面します。75歳の親がいる人は、今はご健在でも、数年後には介護が必要な状況になるかもしれませんし、いつかは相続も発生します。

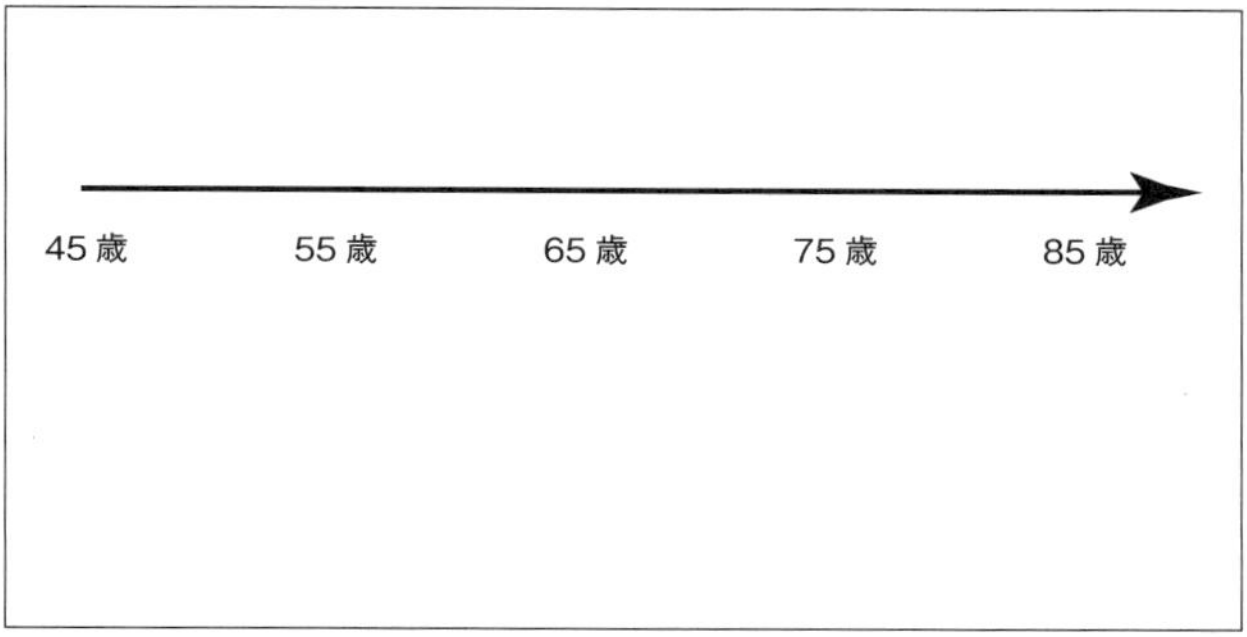

図表2－1　ライフプラン作成の第一歩

そう、これからの人生を考えるにあたって「時間」という概念を無視するわけにはいかないのです。何も行動しないまま、何年後かに「しまった！」と後悔することが出てきたとしても時間を巻き戻すことはできないのです。

限りのある時間の中で目的地を目指すのであれば、やはり地図がある方がいい。そして、人生における地図の役割を果たすのがライフプランなのです。

紙と鉛筆があればできる

では具体的には、どうやってライフプランを作ればいいのでしょうか？

まずは紙と鉛筆を用意し、図表2－1のような矢印を書いてみてください。そしていちばん左側に今の自分の年齢を書き、そこから右に向かって、節目になる年齢を書いてみてください。

さて、これが書けましたら、節目の年齢の時に想定される出来事や、自分がやりたいことを書きます。仕事のことだけではなく、プライベートも含め、今から3分間、何があるかを考えてみてください。

いかがでしょう？

たとえば、図表2－2のようなことを書く方もいらっしゃれば、ほとんど何も書くことが思い浮かばない方もいらっしゃるでしょう。

では、次に、この図のなかにご家族の年齢も加えてください。配偶者や子ども、親の年齢です。家族の年齢を書いたら、それらも含めたイベントを書き込みます（図表2－3）。

†自分の地図と世間の地図

書き方は自由ですが、こうして時系列で自分や家族の年齢を書いていくと、「両親が平均寿命までは元気だとすれば、10～20年後には相続が発生するかな？」とか、「今から10年の間に子どもの進学が一気に生じる」といったことがわかります。

すると、先ほど述べた「時間」を意識するきっかけとなり、「子どもの進学を支えながら、車を買い替えたり、自宅をリフォームすることが可能なのかな？」というように、お

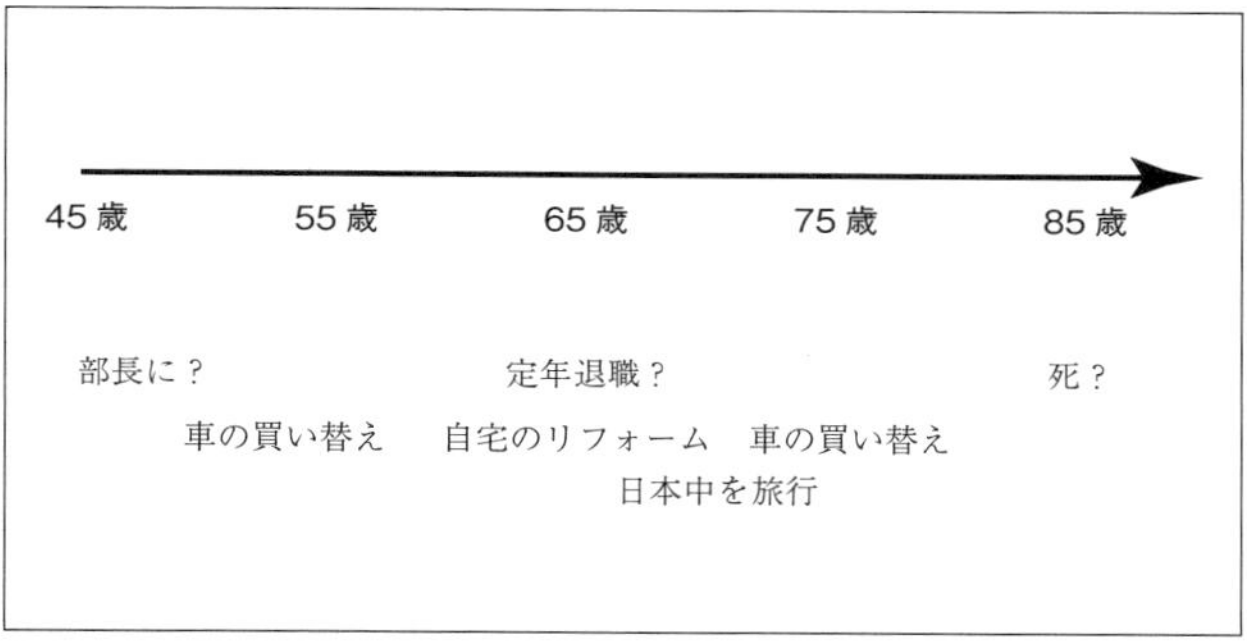

図表 2－2　ライフプラン作成の第 2 段階

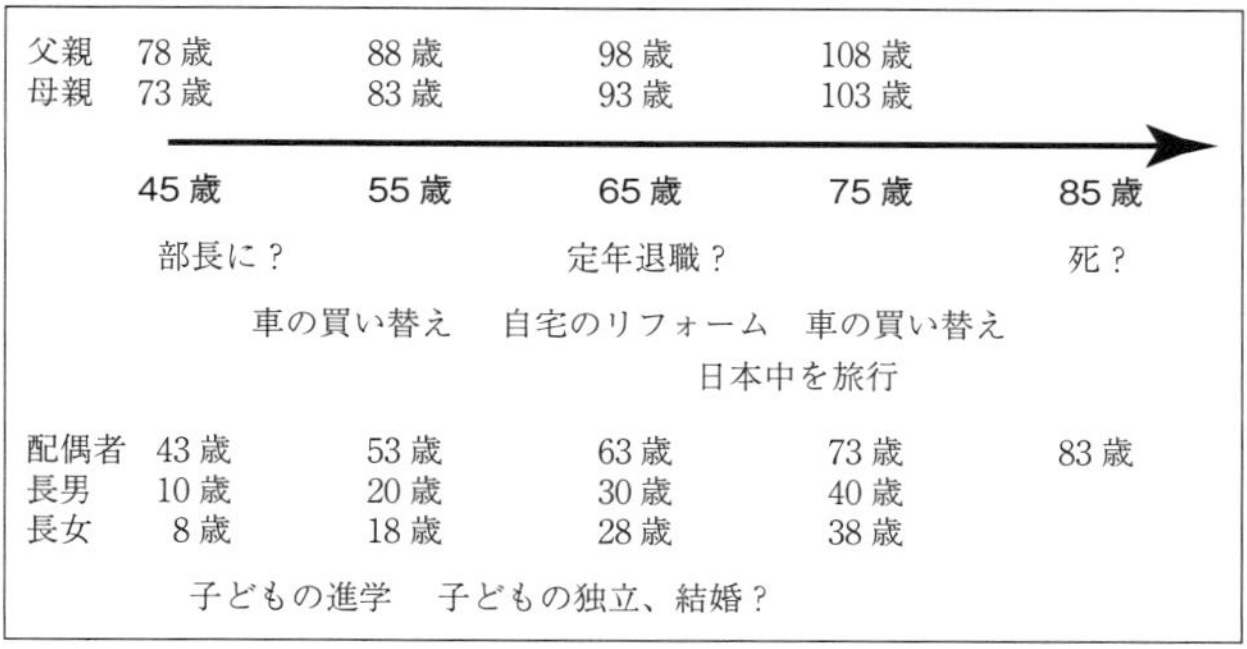

図表 2－3　ライフプラン作成――周りの環境の考慮

金について具体的に考えをめぐらせることができます。

さらに深く考えていくと、「退職金ってどのくらいなんだろう?」とか、「退職した後の年金は、いったいいくらもらえるのか?」といった、「自分の力ではコントロールできないが、生活に影響を及ぼすこと」についても関心をもつようになります。

実はこれが大事なのです。**「ライフプラン」という自分自身の地図をつくるときには、世の中がどうなっていくかという「世間の地図」も同時に頭の中で描くことが必要なのです。**たとえ目的地までの道がわかっていても、大雨が降るとその道を進むことができない可能性もあるので、事前に天気予報を見ておくことが大事だというのと同じです。

「自分の地図」と「世間の地図」。いずれにしても将来の予想ですから、正確なものではありませんが、まずはたたき台としての地図を持つことが、人生のお金まわりのことを真剣に考えるための第一歩となることをご理解ください。

2　経済の動きと社会保険の動向を意識する

†将来もらえる年金はいくら?

自分が進むべき道を知ると同時に、周りの環境がどうなっているか、あるいはどう変化していくのかに意識を向けることは重要です。一例として公的年金を考えてみましょう。

その前に、「公的年金」という制度について簡単に解説しておきます。

まず、「公的年金」というのは、「国民年金」「厚生年金」「共済年金」の総称で、国が用意している社会保険制度のひとつです。日本は「国民皆年金制度」を取り入れているので、原則として20歳から60歳までは職業に関係なく「国民年金」に加入し、保険料を支払うことが義務付けられています。いわば年金制度の土台になるものなので「基礎年金」とも呼ばれています。毎月の保険料は、年によって違いますが、２０１５年度の場合１万５５９０円。要件を満たすことで本人の所得に応じて納付を猶予する制度や保険料を免除されるケースもあります。そうでなければ60歳までの40年間支払うことになるので、単純に計算すると７４８万３２００円が掛金の総額となります。

一方、将来受け取れる年金額も毎年改定されますが、２０１５年度は年間78万１００円が基本となります。ただしこれは40年間一度も滞納することなく保険料を納めた場合に受け取れる金額で、途中で滞納した期間があったり、猶予や免除を受けていると、それに応じて年金額は減額されます。

年金は老齢だけではない

さて、年金が受け取れるのは65歳からなので、毎年78万１００円を受け取ると考えれば、約９・６年で元が取れる計算になります。つまり74～75歳まで生きれば、少なくとも支払った以上に受け取れるわけです。

ただし、これは正しい認識ではありません。実は、国民年金をはじめとする公的年金には、老後に受け取る年金（これを老齢年金といいます）のほかに、障害状態になった場合に受け取れる障害年金と、本人が亡くなった場合に一定の家族が受け取れる遺族年金としての機能があります。いわば「いざという時の保障」も備えている制度なのです。

つまり、単純に「将来もらえる金額とそれまでに支払った金額で損得を計算する」というものではありません。さらにいうと、国民年金は私たちが支払う保険料だけで運営されているのではなく、そこには税金も活用されています。そもそも加入を義務付けられている制度なので、「入るか入らないか」を考えること自体おかしな話です。「もったいないから保険料を払わない」とか「退職したときに手続きをせず、ついうっかり保険料の納付を忘れていた」ということがいかに不利益であるかをしっかり理解してください。

†年金は2階建て

ちなみに、民間の企業に勤務されている方や公務員の方は、この国民年金とは別に勤務先を通じて「厚生年金」や「共済年金」にも加入しています。そして、毎月のお給料やボーナスから保険料が差し引かれています。この場合の保険料は、お給料を基準に定めた「標準報酬月額」に対して一定の率を掛けることになっています。２０１４年９月からの料率は17・４７４％です。

仮に標準報酬月額が30万円だとすると、保険料は５万２４２２円になります。原則としてこの２分の１は会社が負担するので、自分が負担するのは２万６２１１円です。この保険料に先ほどの国民年金の保険料も含まれています。

厚生年金に加入している人は、将来受け取る年金も当然「国民年金」と「厚生年金」から受け取ります。厚生年金がいくらかは、その人が働いていた期間とその時の平均月収を、公式に当てはめて計算されます（63頁参照）。

また、今の制度では「配偶者に扶養されている一定要件を満たす人」を「第３号被保険者」と呼び、この人は国民年金の保険料を支払う必要がありません。

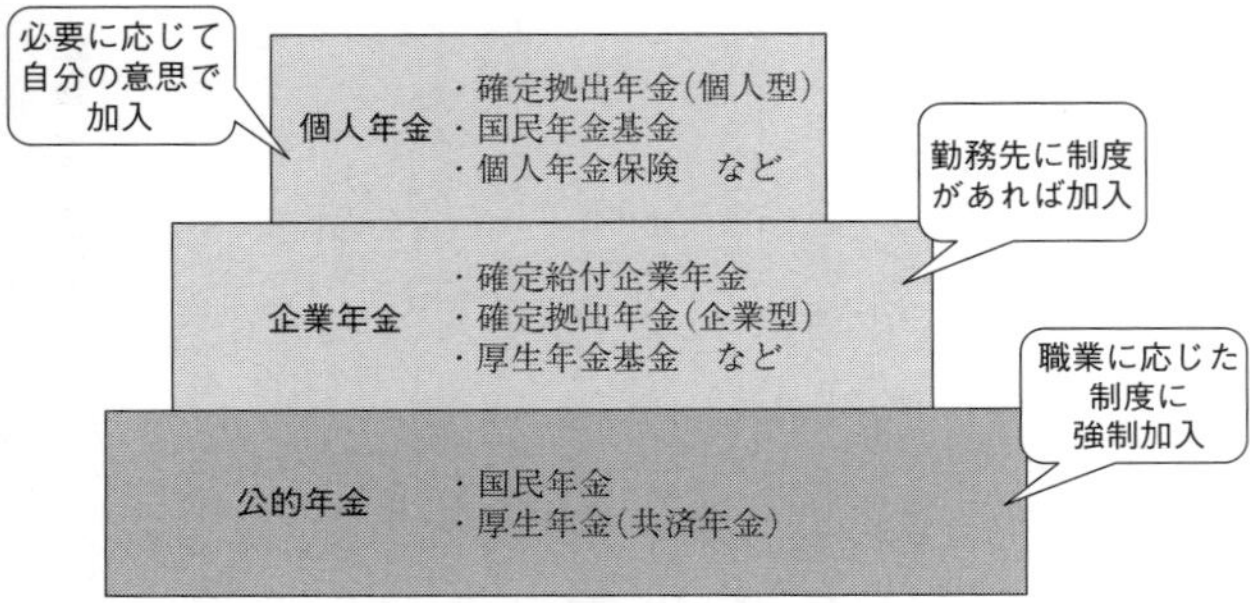

図表２－４　日本の年金制度の概略図

†年金の世代間格差

話を戻します。「世間の地図」を描くことが重要である、と述べました。たとえば、公的年金ひとつをとっても、将来いくらもらえるかは人によって異なり、制度の改正や経済状況によっても大きく違ってきます。

40代の親世代の年齢は、もちろん人によって差はありますが、現在70〜80歳が多いでしょう。この世代は、いわゆる高度成長期に現役世代だったわけで、厚生労働省の試算によると支払った保険料に対して60歳以降に受け取れる年金額は約６・５倍です。一方、１９７０年生まれの世代は、年金の受け取りが始まるのが原則として65歳以降となり、支払った保険料に対して受け取れる年金額は２・５倍となっています。

最近は毎年のように年金の受給額が引き下げられてはいますが、私達の世代から見ると、それでも恵まれています。つまり、世の中の環境によって年金受給額は大きく左右されるわけですから、「自分の地図」と「世間の地図」を同時にもつことの大切さをご理解いただけると思います。

3 知らなかったばかりに損していたこと

同じ年収なのに１０００万円以上の貯金の差！

「地図」をもち、この先どういう問題が待ち受けているかを想像する習慣を身につけると、今までは気にも留めなかったことに気づくことがあります。**「知らなかったらお金をドブに捨てるところだった……」と肝を冷やすことさえありえるのです。**

ここで、所川さんと大森さん、２人の男性に登場してもらいましょう。

いずれも年齢は45歳、同じ会社に同期で入社した２人は、これまでの昇進もほぼ同じタイミングだったため、年収にもほとんど差がありません。

でも、大きく違うのは現在の貯蓄額。所川さんは１５００万円ほどの金融資産がありますが、大森さんはまとまった預貯金は全く持っていないのです。所川さんが独身で、実家暮らしをしているならば、この違いも理解できます。しかし、2人の家族構成（妻、息子、娘の4人家族）は全く同じで、購入した自宅もほぼ同じ金額です。ではいったいなぜこのような差が出てしまったのか？　第1章でもご紹介したキャッシュフロー表を確認しながらその理由を考えてみましょう。

†月1万円の差が数百万円の差になる背景

ちなみに、この2人は架空の人物ですが、私自身がこれまでに相談を受けた方のなかから、貯蓄が多くできた人と貯蓄が全くできない人の典型的なパターンを示しています。実在しないとはいえ、数字そのものはきわめてリアルです。

この表で、2人のお金の様子をチェックすると、まず結婚するまでに貯めていた金額が違います。ここでは条件をそろえるために、配偶者が結婚時に持っていた預貯金は考慮していません。ただし、その後の配偶者の仕事の状況には違いがあり、それが世帯としての収入の差になっています。

支出を見てみると、基本的な生活費はほとんど変わらないけれど、毎月のほんの少しの差が積み重なっていること、住居費と保険料に大きな差があることがわかるでしょう。

また、ローンを組んで自動車を買われている大森さんに対し、所川さんは預貯金の範囲でキャッシュで購入しています。大森さんは**ローンを組むことで身の丈以上の買い物をしている実態が浮かび上がります。**

保険料の違いは、加入している商品内容の違いによるものです。先ほど触れたとおり、公的年金には「加入者が亡くなったときの保障」もついています。自分が死んだときに備えるには生命保険に加入することが一般的ですが、「自分が死んだときに、お金をいくら残すべきか」を考える際に、遺族年金や勤務先の制度を考慮していなければ、その分だけ過剰な生命保険に加入することになり、ここでも月々1万円程度の差額が一生涯では数十万円から数百万円の差になります（保険の話は第4章で詳しくお伝えします）。

大森さんも贅沢な生活をしているつもりは決してないのですが、ちょっとした心がけによって、貯蓄額の違いが1000万円を超えることになるのです。

いま、アクションを起こしなさい！

ここまでの話で、地図を持つことの大切さはご理解いただけたかと思います。地図となるライフプランを意識していないと、毎月の食費が1万円多いか少ないかなど、あまり気になりませんし、保険料の違いもほとんど気に留めないでしょう。しかしこのようなわず

12年	13年	14年	15年	16年	17年	18年	19年	20年	21年	22年	23年	24年	25年	26年	27年
2005年	2006年	2007年	2008年	2009年	2010年	2011年	2012年	2013年	2014年	2015年	2016年	2017年	2018年	2019年	2020年
35歳	36歳	37歳	38歳	39歳	40歳	41歳	42歳	43歳	44歳	45歳	46歳	47歳	48歳	49歳	50歳
32歳	33歳	34歳	35歳	36歳	37歳	38歳	39歳	40歳	41歳	42歳	43歳	44歳	45歳	46歳	47歳
4歳	5歳	6歳	7歳	8歳	9歳	10歳	11歳	12歳	13歳	14歳	15歳	16歳	17歳	18歳	19歳
2歳	3歳	4歳	5歳	6歳	7歳	8歳	9歳	10歳	11歳	12歳	13歳	14歳	15歳	16歳	17歳
457	464	471	478	485	493	500	508	515	523	531	539	547	555	563	572
200	200	200	200	200	200	200	200	200	200	200	200	200	200	200	200
657	664	671	678	685	693	700	708	715	723	731	739	747	755	763	772
244	247	251	255	259	262	266	270	274	279	283	287	291	296	300	305
123	123	123	123	123	123	123	123	123	123	123	123	123	123	123	123
53	53	46	54	54	62	62	62	62	79	79	96	100	100	104	202
30	30	30	30	30	30	30	30	30	30	30	30	30	30	30	30
40	40	40	40	40	40	40	200	40	40	40	40	40	40	40	40
60	60	60	60	60	60	60	60	60	60	60	60	60	60	60	60
550	553	550	562	566	577	581	745	589	611	615	636	644	649	657	760
108	111	121	117	120	115	119	−38	126	112	116	103	103	106	106	12
484	595	716	833	953	1068	1187	1149	1275	1387	1503	1606	1709	1815	1921	1934

世帯主の収入は同じ

貯蓄額には
約1500万円の差

12年	13年	14年	15年	16年	17年	18年	19年	20年	21年	22年	23年	24年	25年	26年	27年
2005年	2006年	2007年	2008年	2009年	2010年	2011年	2012年	2013年	2014年	2015年	2016年	2017年	2018年	2019年	2020年
35歳	36歳	37歳	38歳	39歳	40歳	41歳	42歳	43歳	44歳	45歳	46歳	47歳	48歳	49歳	50歳
32歳	33歳	34歳	35歳	36歳	37歳	38歳	39歳	40歳	41歳	42歳	43歳	44歳	45歳	46歳	47歳
4歳	5歳	6歳	7歳	8歳	9歳	10歳	11歳	12歳	13歳	14歳	15歳	16歳	17歳	18歳	19歳
2歳	3歳	4歳	5歳	6歳	7歳	8歳	9歳	10歳	11歳	12歳	13歳	14歳	15歳	16歳	17歳
457	464	471	478	485	493	500	508	515	523	531	539	547	555	563	572
100	100	100	100	100	100	100	100	100	100	100	100	100	100	100	100
557	564	571	578	585	593	600	608	615	623	631	639	647	655	663	672
244	247	251	255	259	262	266	270	274	279	283	287	291	296	300	305
145	145	145	145	145	145	145	145	145	145	145	123	123	123	123	123
53	53	46	54	54	62	62	62	62	79	79	96	100	100	104	202
36	36	36	36	36	36	36	36	36	36	36	30	30	30	30	30
73	73	40	40	40	40	40	200	40	40	40	40	40	40	40	40
60	60	60	60	60	60	60	60	60	60	60	60	60	60	60	60
611	614	578	590	594	605	609	773	617	639	643	636	644	649	657	760
−53	−50	−7	−11	−8	−13	−9	−166	−2	−16	−12	3	3	6	6	−88
308	258	251	240	232	219	210	44	42	26	14	17	20	26	32	−55

赤字の時期が連続する

貯蓄が底をつく

経過年数		0年	1年	2年	3年	4年	5年	6年	7年	8年	9年	10年	11年
西暦	上昇率	1993年	1994年	1995年	1996年	1997年	1998年	1999年	2000年	2001年	2002年	2003年	2004年
所川　浩明		23歳	24歳	25歳	26歳	27歳	28歳	29歳	30歳	31歳	32歳	33歳	34歳
明子		20歳	21歳	22歳	23歳	24歳	25歳	26歳	27歳	28歳	29歳	30歳	31歳
奨										0歳	1歳	2歳	3歳
晃子												0歳	1歳
収入(夫手取り)	1.50%	300	330	390	400	406	412	418	425	431	437	444	451
収入(妻手取り)		0	0	0	0	0	0	0	340	180	180	90	180
一時的な収入													
収入合計		300	330	390	400	406	412	418	765	611	617	534	631
基本生活費	1.50%	120	120	120	120	120	120	120	180	183	185	188	240
住　居　費	–	0	0	0	0	0	0	0	102	102	102	102	1223
教　育　費	–	0	0	0	0	0	0	0	0	0	30	30	60
保　険　料	–	4	4	4	4	4	4	4	4	24	24	24	30
車関連費	–	40	40	40	340	40	40	40	40	40	200	40	40
その他の支出	0.00%	60	60	60	60	60	60	60	60	60	60	60	60
支出合計		224	224	224	524	224	224	224	386	409	601	444	1653
年間収支		76	106	166	−124	182	188	194	379	202	16	90	−1022
貯蓄残高	0.00%	0	106	272	148	330	518	712	1091	1293	1309	1399	376

図表2－5　所川家のキャッシュフロー表

保険料に差がある

結婚時の貯蓄額に差がある

経過年数		0年	1年	2年	3年	4年	5年	6年	7年	8年	9年	10年	11年
西暦	上昇率	1993年	1994年	1995年	1996年	1997年	1998年	1999年	2000年	2001年	2002年	2003年	2004年
大森　真佐志		23歳	24歳	25歳	26歳	27歳	28歳	29歳	30歳	31歳	32歳	33歳	34歳
美穂		20歳	21歳	22歳	23歳	24歳	25歳	26歳	27歳	28歳	29歳	30歳	31歳
隆司										0歳	1歳	2歳	3歳
洋子												0歳	1歳
収入(夫手取り)	1.50%	300	330	390	400	406	412	418	425	431	437	444	451
収入(妻手取り)		0	0	0	0	0	0	0	340	180	170	90	100
一時的な収入													
収入合計		300	330	390	400	406	412	418	765	611	607	534	551
基本生活費	1.50%	150	150	150	150	150	150	150	180	183	185	188	240
住　居　費	–	0	0	0	0	0	0	0	102	102	102	102	730
教　育　費	–	0	0	0	0	0	0	0	0	0	30	30	60
保　険　料	–	14	14	14	14	14	14	14	36	36	36	36	36
車関連費	–	40	40	40	223	73	73	73	73	40	223	73	73
その他の支出	0.00%	60	60	60	60	60	60	60	60	60	60	60	60
支出合計		264	264	264	447	297	297	297	451	421	636	489	1199
年間収支		36	66	126	−47	109	115	121	314	190	−29	45	−648
貯蓄残高	0.00%	0	66	192	145	254	369	490	804	994	965	1010	361

図表2－6　大森家のキャッシュフロー表

車のローン返済がある

か数千〜数万円の差が、積み重なると大きな違いとなるのです。

世の中の出来事をすべて知ることはできません。ましてや未来に起こることを正確に予測することなど不可能です。「予測することが不可能であれば、地図を持つ意味がないのでは？」と疑問に思う方がいるかもしれませんが、ここまでの話を読めば、そうでないことに気づくはずです。

所川さんと大森さんの45歳時点での差は、就職してから22年間で発生したものですが、今後の定年が65歳になることを考えると、これから先も20年間あるわけです。ここでアクションを起こさなければ、次の20年でも同じような差が生じかねません。それをしっかり認識してください。

それでは次の章からは、具体的なお金まわりの知識についてみていくとともに、あなたがそれを実行するための具体的な仕組みづくりをしていきましょう。

第3章　65歳で後悔しないためのお金まわりの常識

1　65歳をどう迎えるか

†楽観論と悲観論の都合の良い解釈

65歳を迎えたとき、あなたは何をしているでしょうか？　また、どこに、誰と住んでいるでしょうか？　いちど目を閉じて想像してみてください。

将来を想像するときに、楽観的に考える人と悲観的に考える人がいます。未知のことですから、何が正解かはわかりませんが、ここに興味深いアンケート結果があります。

図表3－1を見ると、退職前に比べて退職後の生活費は「3割未満の水準になると思う」が15・2％で、「5割未満の水準になると思う」が25・7％。全体の4割強の人が「生活費は退職前の半分以下になる」と想像していることがわかります。

一方で、総務省が毎月公表している家計調査によれば、30～59歳までの消費支出の平均額が約32万円なのに対して、60歳以上の平均額は約28万円で、88％程度の水準であることが見て取れます。

また、図表3－2を見ると、退職後の収入の柱となるべき公的年金に対して、「とても安心できる」「安心できる」と答えている人は7・9％にとどまり、「あまり安心できない（33・8％）」「不安だ（51・7％）」と、不安を感じている人の割合が85％にものぼるのです。

つまり、「使うお金」に対しては楽観的（＝使う金額は少なくなるだろう）に考え、「入ってくるお金」に対しては悲観的（＝もらえるお金は減るだろう）に考えていることがわかります。

全く想像のつかない状態を手探りで考えるときに、慎重になるのは望ましいことだと思います。しかし、少なくとも退職後の生活というのは、すでにその時期を迎えている人にとっては現実のことなので、その人たちがどのような生活をしているのかを知っておくこ

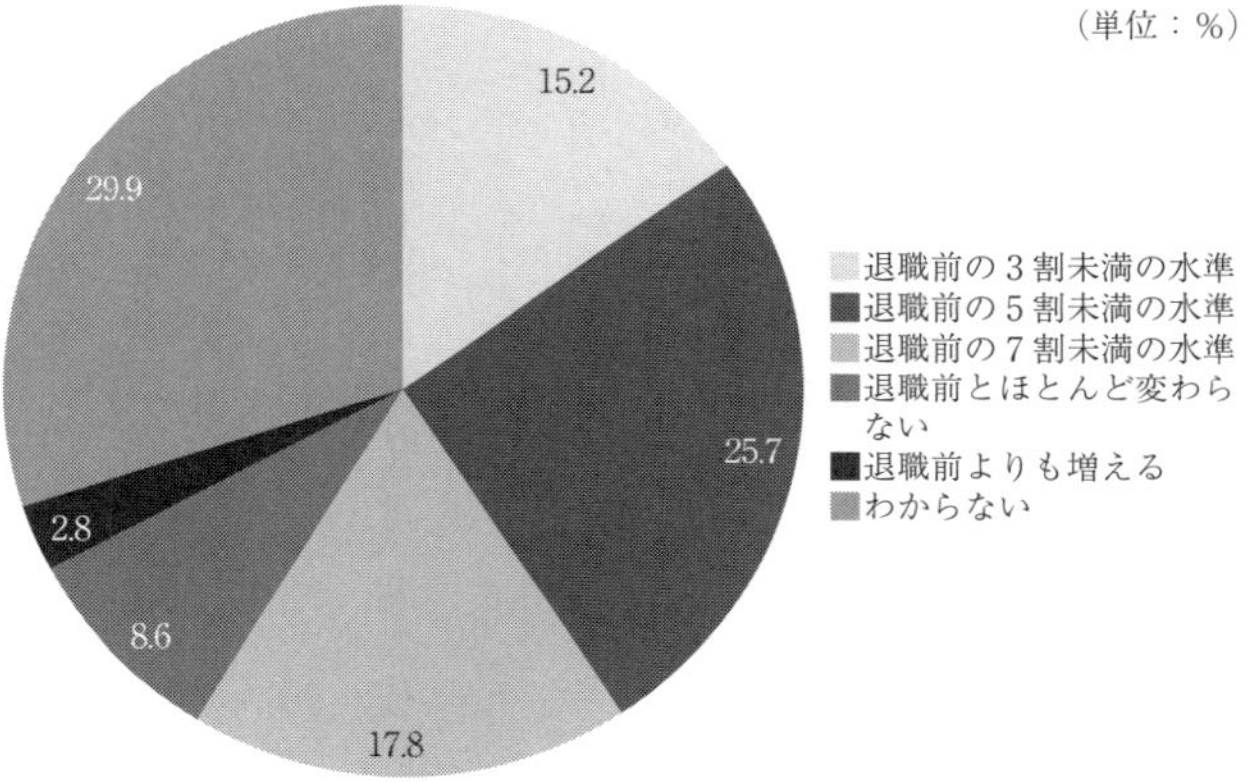

出所）フィデリティ退職・投資教育研究所、勤労者３万人アンケート（2014年４月）

図表３－１　退職前後に予想される生活費水準の変化

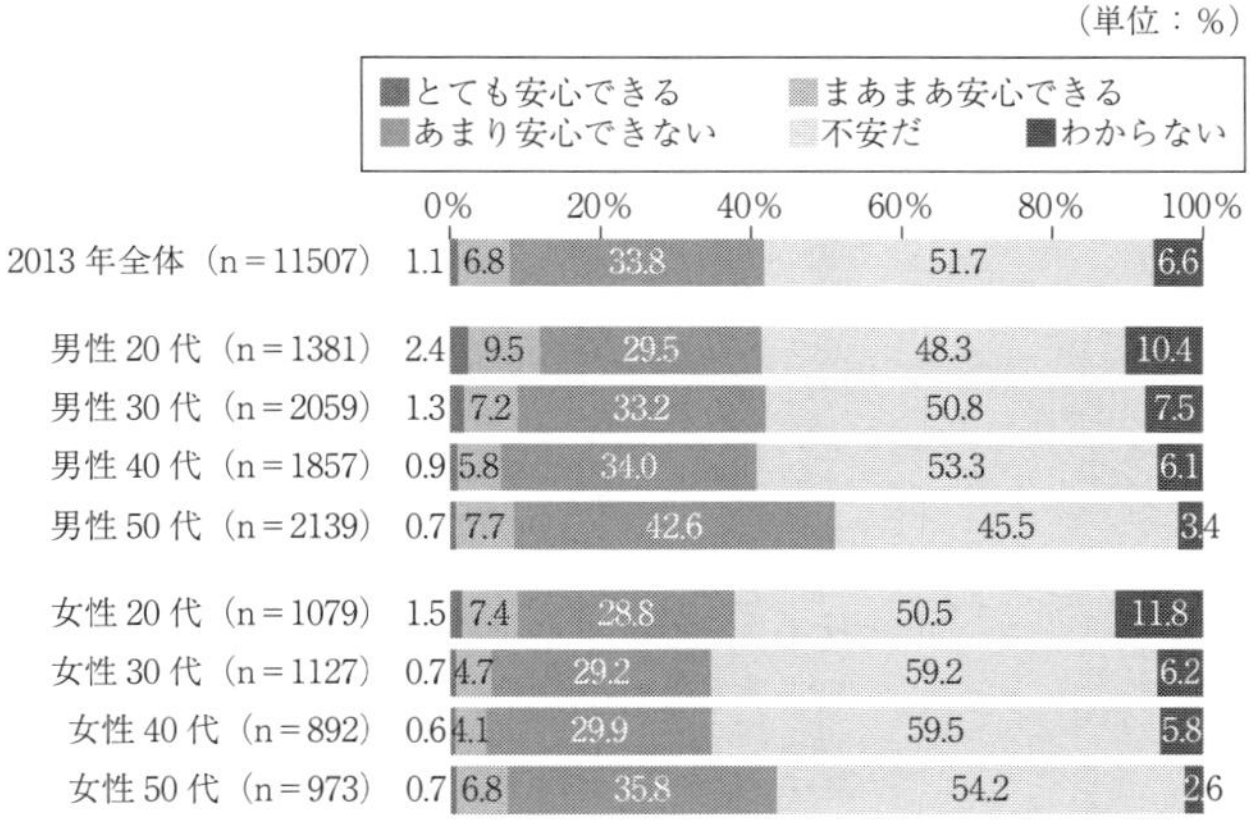

出所）フィデリティ退職・投資教育研究所、サラリーマン１万人アンケート（2013年４月）

図表３－２　公的年金制度の安心度

とは大切です。

本章では、現在進行形で「老後」を暮らす人の生活を手がかりとして、あなたにこれから生じる「老後という未来」を考えてみましょう。

2　65歳以降にかかる大きな支出

前項で紹介した統計は、あくまでも「平均値」であり、自分の退職後の生活設計を考えるためには、ご自身の状況をなるべく正確に想像する必要があります。

全ての要素を考慮するのは難しいので、ここでは、「老後生活資金」とともに人生の三大資金である「住宅」と「教育」にかかるお金が、「65歳時点でどうなっているか」を考えてみてください。

†住まいに関する4つのパターン

将来の住まいの形態を考えると、主に4つのパターンがあると考えられます。

①自分（または配偶者）名義の住宅があり、住宅ローンの返済がないケース
②自分（または配偶者）名義の住宅があり、住宅ローンの返済が継続しているケース
③賃貸住宅に住み、家賃を負担しているケース
④親名義の家（実家）に住み、住宅費の負担をしないケース

以下、それぞれのケースの注意点を見てみます。

①自分（または配偶者）名義の住宅があり、住宅ローンの返済がないケース

持ち家があり、ローンの返済が終わっていると、住宅に関する支出がないように感じるかもしれません。しかし実際には「固定資産税」や「都市計画税」といった税金の負担があります。また、マンションなどでは管理費や修繕費の負担も続くはずです。また、築20～30年となると、修繕が必要な部分も生じ、状況に応じたリフォームを行うケースもあるでしょう。ご自身の「ローン返済以外の住居費」を確認しておいてください。

リフォームは「いくらかけるか」が人によって違いますが、介護が必要となった時のバリアフリー化など、どうしても避けられない支出もあります。住宅関連費用がゼロになることはないと考える必要があります。

ところで、この「**いくらかけるか**」という発想は、お金まわりのことを考えるときに、とても重要です。実際には多くの人が「**いくらかかるか？**」という考えで動きますので、リフォームにおいて、わずかな値引き交渉はするにしても、そのほとんどは業者サイドの言い値で決めてしまうケースが多いようです。壊れたモノをすぐに修理しなければならない場合は、業者の言い値で発注するのも仕方がありませんが、「リフォーム」のように、将来発生することが予想されることに対しては、あらかじめ情報を集め、相見積をとっておくことをおすすめします。それだけでも大きな節約につながる可能性があります。

②自分（または配偶者）名義の住宅があり、住宅ローンの返済が継続しているケース

このケースでは、具体的に「何歳の時までいくらの支払いが続くのか」を確認しましょう。仮に35歳の時に2500万円を借り入れ、2・0％の金利で35年返済の住宅ローンを組んだとします。毎月均等返済（ボーナス払いなし）の場合、毎月返済額は8万2816円となるので、いちども繰り上げ返済などの見直しをしなかったとすると、65歳時点（30年経過時）で約472万円のローンが残っていることになります。

この時点で退職金などを利用して繰り上げ返済をすると、472万円の支払いでローンは終わりますが、そのままあと5年間返済を続けると、利息を含めて約497万円の支払

返済期間	毎月返済額	総返済額	35年返済との差額
35年返済	82,816円	34,782,543円	
30年返済	92,405円	33,265,744円	1,516,799円
25年返済	105,964円	31,789,034円	2,993,509円

図表3－3　金利2.0％で2500万円のローンを組んだ場合の返済期間による総返済額の違い

いとなります。ちなみに、35歳の時に、同じ借り入れを30年返済で組むと、当然65歳の時にローン返済は終了しますが、30年返済にした場合の毎月返済額は９万２４０５円なので、１万円弱の増加に過ぎません。これによって、総返済額は１５１万６７９９円少なくなります。ちなみに25年返済で組むと、約３００万円も総返済額は少なくなるのです。

この少なくなった金額（図表３－３「35年返済との差額」）は、「金融機関に支払う利息」です。「返済期間はなるべく短くした方が利息の支払いが少なくなる」のは間違いありません。ただ、こうした数字を見た上で「その程度の差なの？　それなら35年返済にしよう」と考える人もいれば、「そんなに違うの？　じゃあ30年返済にしておくべきだな」と考える人もいると思うので、そこは人それぞれでいいでしょう。

とにかく「よく知らないままに目先の数字だけで判断する」ことだけは避けたいものです。

③ 賃貸住宅に住み、家賃を負担しているケース

この場合、当然ですが家賃負担が継続します。賃貸住まいの最大のメリットは「自分の支払い能力や家族の状況に合わせた物件に気軽に引っ越せる」という点ですが、若いときにはいざ知らず、ある程度高齢になってくると、引っ越し自体にわずらわしさを感じるようになりますし、また物件によっては高齢者の方が契約を結びにくいケースもあります。

また、物件の所有者（オーナー）の都合によって、立ち退きを余儀なくされる可能性もあります。その場合には、もちろん一定の補償などを受けることはできるでしょうが、引っ越したくないのに引っ越さざるを得ないこともあるのです。こうしたデメリットも意識したうえで、どの地域に、いくらの家賃の部屋に住むのかを、しっかりと考えておきましょう。

住宅は買う方がいいのか？　借りる方がいいのか？

住宅については、「買う方が得か、借りる方が得か」という議論がFPのあいだでもよくなされます。この問いに対する答えは、条件によってどちらの結論にもなりえますから、はっきりとした答えを出すことは困難です。

	最初の必要資金	毎月の支払	支払総額	30 年後に残る資産
持ち家	700 万円	96,634 円	34,788,086 円	築 30 年の住宅
賃貸	0 円	96,000 円	3,456,000 円	9,434,942 円

図表3－4「持ち家」と「賃貸」の金額比較

たとえば「持ち家」のケースと「賃貸」のケースを、以下の条件で考えてみましょう。

条件

・「持ち家」は3500万円*の物件を購入する。購入資金のうち700万円（2割）を頭金とし、残る2800万円は金利1・5％の30年返済（ボーナス払いなし）とする。

・「賃貸」は家賃9万6000円の物件に住み続けるとし、住宅購入をしないことで手元に残る700万円は30年間、金利1％で運用できるとする。

・持ち家の場合にかかる購入時の諸経費と、賃貸の場合にかかる敷金や礼金などは相殺するものとし、考慮にいれない。

＊住宅金融支援機構が実施した「フラット35利用者調査（2013年度）」によると、取得にかかる1戸当たり所要資金の全国平均は、注文住宅が3015万円、土地付注文住宅が3637万円、マンションが3862万円である。

この数字だけを単純に見比べると「築30年の持ち家が943万円以上で

売れるなら、持ち家の方がお得」となりますが、それはどうなるかわかりません。

また、上記の比較には「持ち家」の人が負担するべき固定資産税や修繕費などは入っていませんし、賃貸の人が負担する更新料なども入っていません。もちろん、賃貸の場合は「途中から家賃８万円（あるいは、それ以下）の物件に引っ越す」ことも考えられますし、持ち家の人は「繰り上げ返済をして総返済額を減らす」ことも考えられます。そもそも、住宅ローン金利がもう少し高ければ総返済額は増えますし、金利が低ければ減ります。

さらに、持ち家だと「30年後にはローン返済負担がない住まいが残る」のに対して、賃貸だと「30年後以降も家賃負担が続く」ことになりますが、「その時点で実家に戻ることや９４０万円程度の中古物件を購入する」という選択肢も考えられます。

買うべきか、借りるべきかについて考えることは決して無駄ではありませんが、条件を少し変えるだけで結果の数字が変わるため、経済的な損得を比較すること自体に無理があることはご理解ください。

④親名義の家（実家）に住み、住宅費の負担をしないケース

このケースは、「実家暮らしをずっと続けてきた」パターンと、「いちどは実家から離れて住んでいたけれど、最終的に実家に戻ってきた」パターンが考えられます。

ご両親の介護の問題やご自身の経済的な問題など、「実家に戻る」理由はさまざまですが、二世帯住宅に建て替えたり、大規模なリフォームをしてその資金を負担する場合を除いては、家賃負担やローン返済がないことが一般的なので、経済的な側面では①のケースと同じ環境と考えられます。

なお、このケースでは、両親との相性や兄弟姉妹の意向など、家族の気持ちの問題が大きく影響します。人間関係の状況によっては思いどおりに実家暮らしが続かない可能性や、相続の際に問題となる可能性があることも考慮しておくべきでしょう。

住まいの状況は、前記4つのパターンのいずれかに当てはまる可能性が高いですが、これ以外の状況がありえるようでしたら、早い段階でなるべく具体的に想像し、どんな問題が発生する可能性があるのかを考えておくことが大事です。

子どもの教育費に関する3つのパターン

子どもがいる場合、経済的な負担が今後どうなるかを考える必要があります。親の年齢に関係なく、子どもの成長に合わせて教育費負担は発生します。多くのケースでは、「子どもの教育費を負担しながら、自分自身の退職後に備えたお金の準備」が必要となります。

また、ご自身の退職後も教育費負担が続く場合は、よりいっそう将来を見据えた資金計画が大事になるでしょう。なお、子どもがいないケースでは、教育費負担という問題はありませんが、別の視点から考えておくべき課題があります。

ここでは以下の3つのパターンで見てみましょう。

①　子どもがいないケース
②　子どもはいるが、退職時点では教育費負担が終わっているケース
③　子どもがいて、退職後も教育費負担が続くケース

①　子どもがいないケース

まずは、お子さんがいらっしゃらないケースを見てみましょう。このケースでは教育費負担を考える必要はありませんが、自分自身が健康を損ねた際や介護状態になった場合などに、誰を頼ることになるのかを考えておくことがとても重要です。もちろん「子どもの世話にはなりたくない」というお考えであれば、子どもがいても同じことが言えます。また、自分が死んだあとの財産の承継についても考えておく必要がありますが、この点は第7章で詳しくみることにします。

② 子どもはいるが、退職時点では教育費負担が終わっているケース

自分が退職するときに、すべての子どもが学校を卒業しているケースです。この場合は、教育費負担はないので、特に気にすることはありません。

しいてリスクをあげるなら、子どもが卒業後に定職に就けず、生活費の負担を親がみるかもしれない事態でしょう。

一方で、同居をしている子どもが仕事をしている場合は、生活費としていくらかのお金を家に入れてもらうことも考えられます。なお、残業などによる夜遅い帰宅や、夜勤のある仕事に就くことで生活時間が親世代とズレることにより、お互いにストレスが発生することもあるようです。経済的な問題だけでなく、こうしたお互いの気持ちも考慮し、無理がない生活パターンを見つけることも大切になります。

③ 子どもがいて、退職後も教育費負担が続くケース

経済的には最も注意が必要なケースです。ただし、子どもの進学のタイミングはあらかじめ予想できますから、「いつまでにいくら必要となるのか」をしっかりと試算しておくことが大切です。

もちろん、教育費以外に思いがけない出費が続くことや、収入が想定ほど伸びないケー

スも考えられますから、どれだけ準備をしていても、やはり子どもが社会人になって収入を得るようになるまでは、絶対的な安心はないかもしれません。教育費については第４章でも確認します。

†住宅と教育以外の大きな出費について

住宅費と教育費以外にも大きな買い物などによる出費があります。

代表的なものは自動車。最近では免許を持っていても車を所有しない家庭も増えていますし、高齢者が免許を返上するケースも増えているようです。現在、自分が車に乗っているからといって、いつまでも運転を続けるかどうかはわかりません。ただ、車に乗り続けるのであれば、買い替える頻度やその際の予算、毎年の維持費については計算に入れておく必要があります。

自動車以外にも、家電製品の買い替えも一定頻度で発生しますし、旅行などで具体的な計画がある人はその予算も検討しておきましょう。また、「支出」とは少し違いますが、子どもが結婚をしたり、家を建てたりすると、「親が援助する」ことも考えられます。もちろん、援助するかどうかは人それぞれですし、援助をしたい気持ちがあっても、そのゆとりがないケースもあるでしょう。

大切なのは、こうした「お金が出ていく要因」をなるべく多くイメージしておくことです。生活費以外にかかるこうした大きな出費は、想定済みなのか想定外なのかによって、気持ちの面でずいぶん違います。

3　退職後の収入を考える

†公的年金は侮れない

次に、支出を賄う収入についてみていきます。

退職後の支出を支えるのは、「退職後の収入」と「退職までに貯めた貯蓄」です。そこでまずは、退職後の収入の大きな柱になる公的年金を確認しましょう。

第2章でも見たとおり、年金の受給額は、現役時代の職業や働いていた期間、その時の報酬額によって異なります。国民生活基礎調査（2013年度）の統計によりますと、65歳以上の高齢者世帯の年間所得は約309万円ですが、そのうちの約70%となる212万円を公的年金による収入が占めています。また、「公的年金による収入が収入の100%

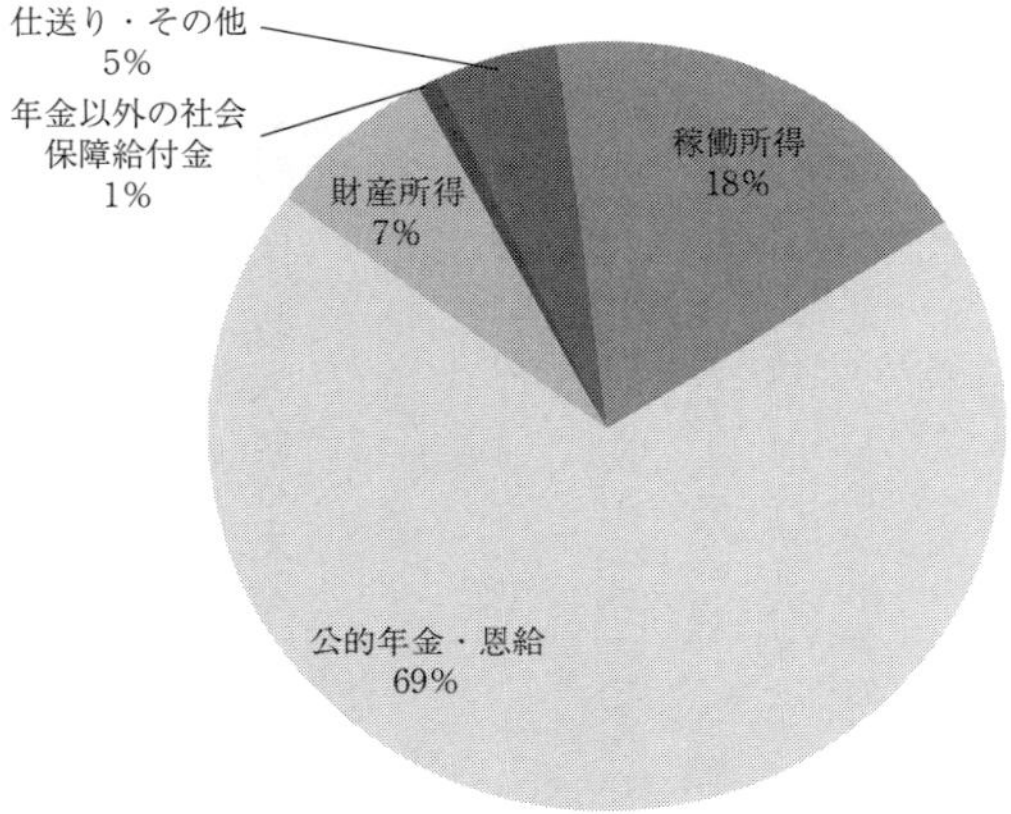

出所）国民生活基礎調査「高齢者世帯の所得構成割合」（2013 年）

図表３－５　高齢者世帯の所得構成割合

を占める世帯」が全体の57・８％に及んでいます。公的年金が退職後の生活に与える影響は侮れないのです。

†厚生年金の金額を知る

第２章では基礎年金の金額が78万１００円であることを確認しました。夫婦２人分としても約１５６万円。統計による公的年金の収入が２１２万円となっているのは、企業に勤めていた人が加入している厚生年金等が含まれるからです。

ここでは厚生年金について確認しておきましょう。なお、公務員や教職員の方が加入する年金を「共済年金」といいます。基本的な仕組みは厚生年金と同じで、２０１５年10月に２つの年金は統合される

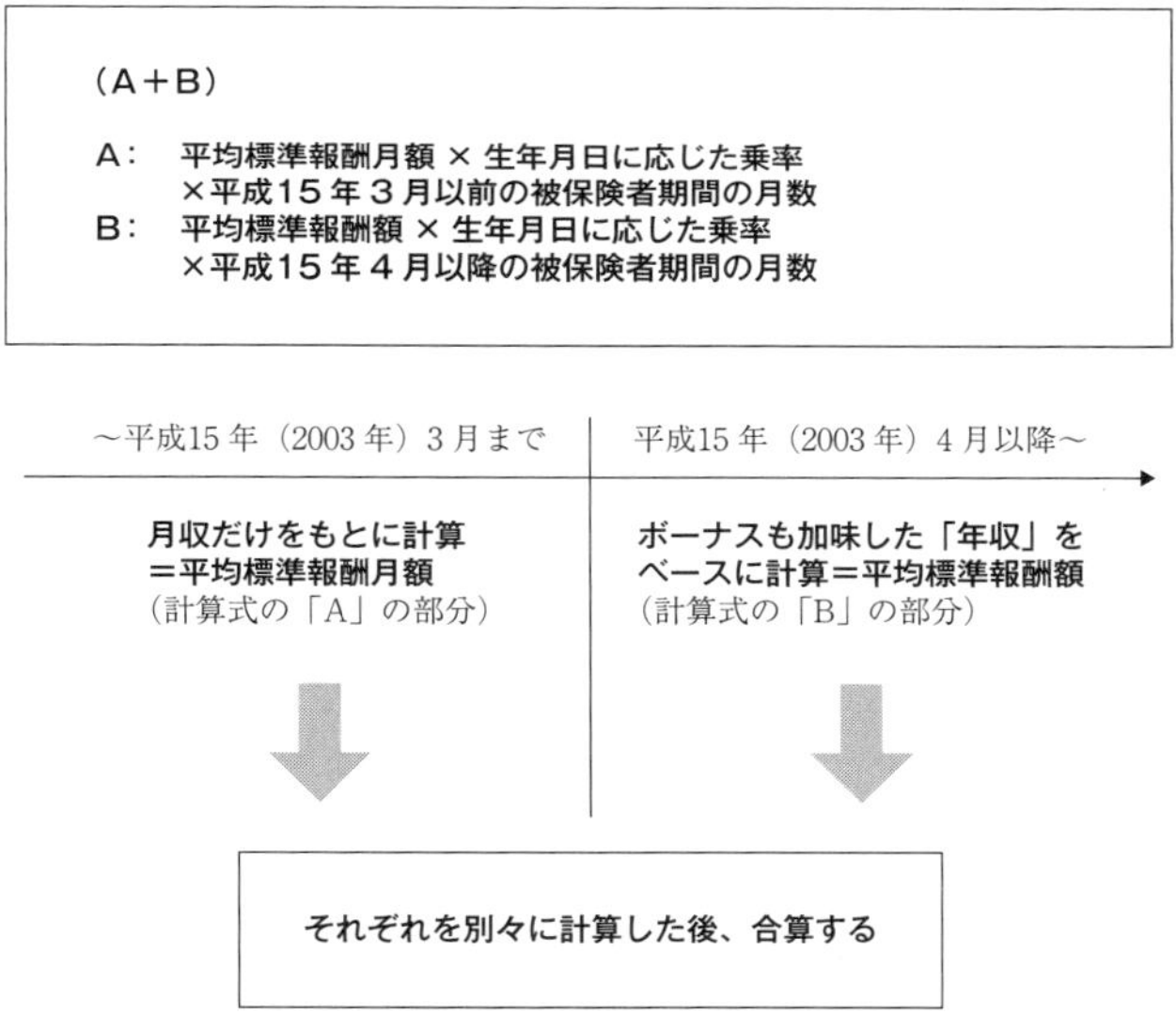

図表３－６　老齢厚生年金の受給額の計算式

ため、ここでは厚生年金だけで話を進めます。

まず、厚生年金において受け取る年金額がいくらになるのかの計算式は図表３－６のとおりです。

これを見ると、いかにも複雑そうですが、考え方はきわめてシンプルです。

まず、平均標準報酬月額と平均標準報酬額ですが、これは「働いていた期間のお給料の平均額」と考えてください。厚生年金の制度は、２００３年４月に改正があり、それ以前の報酬は「月収のみ」で、４月以降の報酬には「月収＋賞与」を含むようになったので、計算式が２つにわかれています。

たとえば、私の場合は１９９４年、22歳の時に社会人となり厚生年金に加入しました。その後の転職や独立がないものとして60歳までの期間を計算すると、以下のようになります。

ここでは、２００３年までの９年間の平均月収を25万円とし、２００３年４月から60歳を迎える２０３２年までの29年間のボーナスを加味した平均月収を40万円と仮定して計算します。

A　25万円×7.125／1000×108ヵ月＝19万2375円
B　40万円×5.481／1000×348ヵ月＝76万2955円
（19万2375円＋76万2955円）＝95万5300円（年金額は百円単位で算出します）

つまり、働いている期間の平均的な報酬がこのぐらいの金額であれば、基礎年金の78万１００円に加えて、95万５３００円の厚生年金を受け取ることができるので、合計すると１７３万５４００円になります。

夫婦2人とも同じようにフルタイムで働いてきた場合だと、この2倍の347万円が世帯収入となります。どちらか一方が基礎年金だけであれば、約252万円となります。

将来的に年金の受取額が削減される可能性はありますが、「全くのゼロになる」ことは考えにくい。厳しめな数字で考えておきたい人は、この金額の7割や6割ぐらいの水準をイメージしておけばいいでしょう。

なお、日本年金機構が実施している「ねんきんネット」を活用すると、ご自身の年金額について、こうしたシミュレーションを行うことができます。最初に登録をするのは多少の手間を伴いますが、ご自身の年金額はもちろん、条件を変えた場合のシミュレーションも可能ですから、これを機会にご自身の将来の受取額を見ておくことをおすすめします。

日本年金機構「ねんきんネット」 http://www.nenkin.go.jp/n/www/n_net/

†公的年金以外からの収入

公的年金以外の収入も考えてみましょう。65歳以降も働くことで「稼働所得」を得る人もいます。それを除くと、退職金と企業年金が代表的になります。

もちろん、この金額はお勤め先の制度によって大きく変わります。私が講演などで全国各地の企業を訪れると、「自分が退職するときに、退職金はいくらもらえるか」「企業年金はいくらもらえるか」を知らない人が、予想以上に多くおられます。お勤めの会社の退職金制度はすぐに調べられるので、この機会にぜひ調べてみてください。

ちなみに、退職時に一時金で受け取るものを退職金、何年かにわたって分割して受け取るものを企業年金と呼ぶことが一般的です。この2つは別々のモノではなく、同じものをどう受け取るかの違いによる呼び名の違いと考えてください。

多くの企業では、「一時金による受け取り」と「年金による受け取り」のほかに「一部を一時金で受け取って残りを年金として受け取る」というように組み合わせることができます。

受け取り方によって税金の負担も違ってきます。退職目前に受け取り方法をあわてて考えるのではなく、自分自身のライフプランを意識しながら、どのように受け取るかをイメージしておくことが重要です。

基本的な考え方は、第2章で作成したキャッシュフロー表を見て、退職時に住宅ローンなどの負債が残っているようであれば、一括で受け取って借入金の返済にあてることを意識しましょう。一方、「毎年の生活費が赤字続きで不安だ」、ということであれば年金形式で受け取ることを優先するとよいでしょう。

ただし、一点だけ考えておくべきことがあります。住宅ローンには「団体信用生命保険」と呼ばれる保障が付いているのが一般的です。これはローンを返済している人が亡くなった場合などに「残っているローン残高がすべて保険金で返済される」というもの。

以前にこんなケースがありました。1000万円強のローン残債を退職金で一括返済した後、それほど時間を空けずに亡くなられた方がいたのです。遺された奥様から相続のご相談を受けたところ、ローン返済を優先したことによる、手持ちの資金の減少が不安要素でした。「こんなことなら無理して住宅ローンを繰り上げ返済しなければよかった……」とおっしゃっていたことが印象に残っています。こうしたきわめて稀有な事態まで想定すると何も決められなくなりますが、こういった可能性が現実となることもありえるのです。

†一括受け取りの退職金を運用で増やすことができるか？

退職金を年金形式で受け取る場合は、利息が上乗せされます。そのぶん、一括で受け取る金額より受け取り総額は多くなるのが一般的です。この話をすると、「一括で受け取った上で、それ以上の利回りで運用できればいいんですよね？」と言う方がいます。確かにそのとおりですが、高い利回りを目指した積極的な資産運用をしたことのない方が、計算上の理屈だけでこうしたプランを考えるのは、あまりお勧めしません。

結局はほったらかしになる、あるいは、よくわからないままにリスクの高い投資商品を購入し、大きな損失を出すことが少なくないからです。退職金の受け取りについては、自分にとってストレスのない仕組みを作ることが大切だと心得ましょう。

なお、一言で企業年金といっても、さまざまな種類があります。また運用結果に応じて将来の受け取り金額が増減する確定拠出型年金も増えています。資産運用やお金の管理を意識しておこなっている人と、無頓着でほったらかしにしている人の間には、積み立てた金額が同じであっても、将来の受け取り額に差が出てくる時代である点も意識しておくことが大事です。

4　キャッシュフロー表でチェックする

†偶然に期待しない

ここまでで確認してきた収入や支出の数字を、キャッシュフロー表に落とし込んでみましょう。この時、自分が80歳になっても90歳になっても、金融資産が底をつかないのであれば、あまり細かいことを気にする必要はありません。一方、70歳や75歳など、平均寿命

に到達するまでにお金が底をついたり、不十分な金額しか残らないのであれば、退職を迎えるまでに何らかの対策が必要と考えられます。

せっかく「地図（＝ライフプラン）」をつくり、数十年後に自分に訪れるリスクの存在が明らかになったのに、何も対策をしなければ、地図を持たないのと同じです。

さらに、こうした対策は、今すぐ実践しても、効果が出てくるまでには数年から数十年の時間が必要で、明日すぐに結果がでるものではありません。相続などが発生することで、思わぬゆとりが出るケースもありえますが、こうした「自分の意思ではどうしようもない偶然の出来事」を前提にすることは、お勧めできません。

相続をめぐるトラブル事例は第7章でふれますが、「現在の生活が経済的に厳しい状況」で「期待していたほどの財産が引き継げなかった」時には、親族間でのいざこざが起こりやすいようです。

いずれにしても、その時になってあわてるのだけは避けてください。退職までに10〜15年の時間的なゆとりがある段階で対策を考え、実行に移すことが大切です。焦らず一つひとつ行動に移していきましょう。5年間では難しくても、15年間あればできることはたくさんあります。その意味でも40代は、仕組みを変え、習慣を変える最後のチャンスなのです。

5　今からできることと、今しかできないこと

†経済的な不安はゼロにはならない

FPとして、高齢者のご相談を受ける機会もあります。その際、多くの方が「経済的な不安がないこと」の重要性を指摘されます。「あと1000万円あれば……」「何億円もの資産があれば、私も悩まなくて済むんですけど……」と冗談交じりに言われる人がいます。その気持ちはよくわかります。しかし、たとえその人が「あと1000万円」を手にしたり、「何億円もの資産」を持つことになったとして、不安が完全に消えるのでしょうか？

確かに、「今の自分」と比べれば、経済的なゆとりが出ることは間違いありません。でも、その時にはまた新たな悩みや不安を抱えているはずです。実際、数億円（もしくはそれ以上）の資産を持つ人の相談を受けることがありますが、やはり悩みや不安が全くない人は少数派で、多くの人は何らかの課題と向き合いながら日々の生活を送っています。「余生にいくら必要か？」という質問に対する答えは、人によってそれぞれです。しかし、

私も含めたほとんどの人にとっては、「不安が完全に消える」ことはありません。経済的な不安とは、いつまでも付き合わなければならないのです。

もちろん、備えさえ怠らなければ、経済的な不安をつねに感じなければならない状況は回避できます。「寝ても覚めても、お金のことを心配している……」、そんな心境に陥る必要がない状況を築いておきたいものです。

月4万円と月16万円

話を戻します。先ほどのキャッシュフロー表（44頁）で、「このままだと、考えている金額にあと１０００万円足りない」ことがわかったとします。この時の年齢が45歳であれば、65歳になるまで20年間ありますから、利息などの運用収益を考えなくても、年間50万円、毎月にすると４万円強の金額を積み立てれば実現できます。それは決して不可能なことではありません。目標を立てた後の計画を確実に実行している限りは、それについて不安は感じないでしょう。

同じ問題に60歳で気づいたとしたらどうでしょう。５年間で１０００万円を貯めるならば、年間２００万円、月々の貯金額に換算すると16万円強の積立が必要です。子どもの教育費負担がなくなり、生活に必要な最低限のお金以外をすべて貯蓄に回せば、決して実現不可能な数字ではないかもしれません。とはいえ、なかなかハードルが高い（＝実行が難しい）。**自分に不足している部分がわかったとしても、それを埋めるための計画が実行できなければ、不安はどんどん大きくなります。**

この２つのケースの問題を解く鍵を握っているのは**時間**です。時間が十分あれば、対策を講じることが可能になる。だからこそ、早い時点での気づきが大切なのです。

†大切となる「貯め時」と「耐え時」

定期的な積立貯金を行なうときに、みなさんに知っておいてもらいたい重要なことがあります。たとえば、20年間で２０００万円を貯めるときに、「１年につき１００万円を貯める。平均して毎月８万３０００円を積み立てる」という計算をすることが多いのですが、これはお勧めしません。積み立てられる金額というのは、その時々の状況によってバラバラだからです。ある時期には毎月15万円の積み立てが可能でも、別の時期には１万円でも精一杯だったりします。いずれにしても生活実態に即した計画を立てることが重要なのです。

１９７１年生まれの私は、２０１５年に44歳の誕生日を迎えます。

22歳で結婚し、２０１５年には22歳となる長女、19歳になる二女、16歳になる三女の３

人娘の父親です。一方で、私の同級生には、最近結婚をして子どもが生まれたばかりの人や、独身者、離婚経験がある人など、さまざまな状況の人がいます。

結婚が早かった私は、45歳まではあまり多くの貯蓄ができていないとしても、50歳になると末っ子の三女が22歳となり、おそらくはすべての教育費負担から解放されるでしょう。そうなると、年間２００万円や３００万円を貯めることは難しくないかもしれず、10年間で２０００万〜３０００万円の資金準備が可能であるかもしれません。

この場合に大切なのは「60歳まで今のペースで働き続けること」ですから、今はお金を貯めることができなくても、健康維持に対する気遣いを優先すべきであることがわかります。そして、不要なお付き合いを極力避ける、健康を損なうような生活習慣を改める、少しでも運動を続けておこう、といった意識が高まるわけです。

一方で、25歳の時に、将来に対する備えが大切だと意識し、「手取り収入の10％の積み立て」を40年間継続したとすると、やはり２０００万円ぐらいを貯めることはできるでしょう。

利息の計算をしなかったとしても、２０００万円を40年かけて貯めるのであれば、1年あたりの積立額は50万円。月４万円と聞くと、今の自分にとっては厳しい金額かもしれませんが、先ほども触れたとおり、現実にはずっとまんべんなく同額を積み立てるわけではありません。その時々の自分の状況が「貯め時」なのか、あるいは「耐え時」なのか、それを明確に意識し、**「耐え時」に積み立てができなかったとしても、その分を「貯め時」にしっかり積み立てる計画を立てておけば、無理のない実践ができるはずです。**

今できることも大切にする

もちろん、将来に備えるばかりで、今の生活や楽しみをすべて犠牲にするのもおかしな話です。そこはバランスが必要です。その時々に今しかできないことをやっておくのも大事ですよね。お子さんがいらっしゃる場合、小学校の運動会を観に行く機会は1人につき6回しかないわけですし、親と一緒に「いつか」旅行に行こうと思っているうちに健康を損ない、結局、行けないままに終わってしまうかもしれません。

いずれにしても、将来のために今を犠牲にするのではなく、何も考えずに老後を迎え、「しまった！　こんなことなら早く準備をしておけばよかった……」と後悔しないための準備が重要なのです。

将来に備えて今からできることと、今しかできないこと、日ごろの生活にメリハリを持たせるためにも、時々でいいので立ち止まって考えてみることをおすすめします。

6 これだけは押さえておきたい年金のこと

退職後の収入の柱になるのは公的年金を中心とした年金なので、ここで改めて整理しておきましょう。

国民年金の保険料は毎年4月に改定され、2015年度は1万5590円です。ただし、この保険料を個別に負担するのは、自営業者や学生、無職の人など（第1号被保険者という）に限られます。保険料は最大で2年分をまとめて支払うことができ、その場合は保険料が少し割り引かれます。また、所得が少ないなどの理由で保険料の支払いが困難な場合、届け出をすることで保険料が免除されたり、支払いの猶予を受けることができるので、くれぐれも「滞納」とならないように気をつけましょう。

そして公務員の人、企業や団体等に勤めている人（正式には「厚生年金の適用事業所で働く人」で、第2号被保険者という）は、厚生年金や共済年金の保険料と一緒に給与天引きされます。この給与から天引きされる保険料は、毎月のお給料やボーナスに一定の率をかけて計算され、2014年9月から2015年8月までに適用される率は17・474％（一般の被保険者の場合）です。たとえば月収が30万円の方であれば、30万円×17・４７４％＝５万２４２２円。ただし、原則として半分は会社負担なので、本人が負担する保険料は２万６２１１円となり、これが「国民年金＋厚生年金」の保険料となります。

受け取る年金額は、国民年金が年額で78万１００円でしたよね。ただし、これは加入義務のある20歳から60歳までの40年間、保険料を一度も滞納することなく支払った人の場合で、滞納期間があるときはもちろん、免除などを受けて保険料の一部（または全部）を支払っていない期間があると、期間に応じて受け取る年金額が減額されます。

厚生年金の受け取り額は、63頁で計算したとおりです。

なお、20歳から60歳までで所得が一定以下の人は、「配偶者の扶養に入る」という選択肢があり、その場合は保険料の負担がありません。これを「国民年金の第3号被保険者」と呼び、専業主婦の方が典型的な例としてあげられます。

扶養に入るというのは、簡単に言うと「稼いでいるお金が一定以下なので、養ってもらっています」という意味で、公的年金や健康保険などの社会保険制度においては、年収１３０万円未満がその基準となっています。

主婦の年収「１０３万円の壁」という言葉をよく耳にします。年収額がこの金額を超えると夫の扶養から外れ、所得税の負担も出てくるので損、とされています。これは所得税における扶養の範囲の基準であり、社会保険制度とは別の話になることに注意しましょう。
なお、年収が１０３万円を超えたとしても、所得税が課せられるのは１０３万円を超えた部分だけであり、トータルで損となるわけではありません。勤務先によっては扶養手当などを受けることができなくなるケースもありますが、世帯全体の収入が減ることは稀なので、あまり気にする必要はないでしょう。

この第3号被保険者は、「勤めていて厚生年金に加入している方（第2号被保険者）」に扶養されている人だけが該当します。保険料負担が0円なうえ、将来の年金は基礎年金部分が満額もらえる点が特徴です。

一方、配偶者が自営業者などの第1号被保険者である場合には、この「扶養に入る」という選択ができません。たとえ収入がなかったとしても第1号被保険者として保険料を納めなくてはいけないのです。

第3号被保険者制度は「会社員や公務員家庭の専業主婦だけを優遇している」という批判があるため、将来的には廃止される可能性もあります。

†企業年金は勤務先で確認しておく

次に企業年金です。

これは勤務先の会社や団体が導入していれば加入できる制度で、いくつかの種類があります。基本的な考え方は、勤務実績に応じて会社が保険料を負担（一部従業員が負担するケースもあり）し、退職金や年金として将来受け取れるというものです。

勤務先に企業年金の制度があることが前提になります。制度の存否はご自身で調べてもらう必要がありますが、自分のことなのによくわかっていないケースも少なくありません。

ちなみに、企業年金のなかで「確定拠出年金」という制度が最近増えてきています。これは、「会社が積み立てた掛け金を従業員が自分で選んだ商品で運用し、その運用成果に応じた金額を退職金や企業年金として将来受け取る」というものです。つまり、従業員一人ひとりに資産運用のスキルが求められるのですが、これについても「よくわからない」として放置されているケースが珍しくないのです。

運用については第4章でも触れますが、まずは自分自身が加入している制度の正しい理解から始めましょう。

†個人年金は自分で契約する

そして最後は個人年金。これは、自分の意思で生命保険商品や共済制度を利用して契約するものです。単に「将来に対する貯蓄」という漠然とした感覚で契約されているケースが多いようですが、ここまで説明したとおり、まずはライフプランを基にしたキャッシュフロー表を作り、公的年金や企業年金から受け取れる見込みの金額から必要な支出を差し引いたうえで、不足しそうな金額をもとに契約を検討することが大切です。

個人年金商品のなかで、受け取る期間が一生涯におよぶ（＝亡くなるまで受け取ることができる）ものを「終身年金」とよびます。他方、「75歳まで」「20年間だけ」というように受け取る期間が決められているものを「確定年金」あるいは「有期年金」と呼びます。これらの商品は条件によって掛け金が違ってきます。

また、75歳までの確定年金を用意していた人が、70歳で亡くなった場合のように、受け取り期間中に死亡した際のその後の取り扱いは商品によって違ってきます。残りのお金を分割や一括で受け取れるタイプや、亡くなってしまったらその時点でおしまいというタイプがあります。生命保険会社などで「個人年金保険」を契約する場合には、内容をしっかりと確認しておきたいものです。

なお、「何歳から受け取りを開始するのか」「いくらの年金を何歳まで受け取るのか」という条件が同じでも、保険会社や共済制度によって保険料などの掛け金が異なります。

基本的には、同じ受け取り金額であれば、掛け金が安い商品が望ましいといえます。しかし、パンフレット上では多くの金額がもらえるように見えても、受け取りが確定していない「配当金」で水増しされていたり、「外貨」を利用するようになっていたり、リスクを伴うものもあります。やはり商品内容をしっかりと理解したうえで、活用したいものです。

†年金の掛け金で所得税が安くなる？

自分の意思で加入する年金のなかにも、公的な制度として用意されているものがあります。

代表的なものは、「小規模企業共済」「国民年金基金」そして「個人型の確定拠出年金」です。細かい融通が利かないデメリットもありますが、公的な制度のため、負担した掛け金が全額所得控除になる点が、いちばんの特徴でありメリットです。

所得控除というのは、税金の計算をするときに収入から差し引けるものです。

年収額に応じて所得税や住民税を負担しますが、この税金は、「収入」ではなく「所得」に対して課せられます。所得というのは、「収入から必要経費を差し引いたもの」と考えてください。会社でいうところの「利益（儲け）」のことです。

自分で商売をしていると、「売上」と「経費」がよくわかりますから、「利益」がいくらなのかもすぐに計算できます。しかし、会社員にとって「経費」というのはわかりにくい

収入金額		給与所得控除額
	180万円以下	収入金額×40%（最低65万円）
180万円超	360万円以下	収入金額×30%＋18万円
360万円超	660万円以下	収入金額×20%＋54万円
660万円超	1,000万円以下	収入金額×10%＋120万円
1,000万円超	1,500万円以下	収入金額×5%＋170万円
1,500万円超		245万円

注）2016年分は収入金額1,200万円超で給与所得控除額230万円が上限となり、2017年分以降は収入金額1,000万円超で給与所得控除額220万円が上限となる予定。

図表3－7　給与所得控除額の速算表

ので、これは「給与所得控除」という概算の数字を使うことになっていて、その金額は年収に応じて図表３－７のように決まっています。

たとえば、年収５００万円の会社員の人がいるとします。

図表３－７では、収入金額が「３６０万円超、６６０万円以下」の欄に当てはまるので、「５００万円×20%＋54万円＝１５４万円」が給与所得控除額、つまりこの人が収入を得るために使った「経費」と考えます。

そうすると、所得金額は５００万－１５４万円＝３４６万円となるわけですが、ここに税率をかけるのではなく、今度は「その人の個人的な事情」を考慮します。これが所得控除と呼ばれるものです。

所得控除には何種類かあります。代表的なのは、扶養している家族がいる場合に差し引くことができる

「配偶者控除」や「扶養控除」、1年間に支払った医療費に応じて差し引くことができる「医療費控除」などです。これらの控除は、先ほど計算した所得から差し引くので、金額が大きくなるほど、最終的に税金を計算する基となる「課税所得」が少なくなります。

そして、先ほどお伝えした「小規模企業共済」などの制度は、支払った掛け金の全額が所得控除の対象になるのです。

たとえば、毎月３万円、年間36万円の掛け金を支払ったとしましょう。

ほかの要素を無視しますと、先ほどの３４６万円の所得から36万円を差し引くことができるので、課税所得は３１０万円になりますよね。

仮に税率が10％だとすれば、３４６万円に対しては34万６０００円ですし、３１０万円に対しては31万円ですから、負担する税金が３万６０００円安くなるわけです。

このように、お金まわりのことを考える際、税金の制度がどうなっているのかを押さえることは大切です。この点についても、ぜひご理解ください。

この章では、65歳になったときの自分がどのような状況になるかを想像するために必要な知識と考え方をお伝えし、収入の柱となる年金制度についてみてきました。

では、これらを実行するために必要となってくる、その他のお金まわりの知識について、次の章で見ていくことにしましょう。

第4章　絶対に知っておきたいお金まわりの基礎知識

1　家計簿をつけることは必要なのか？

家計管理が上手な人の共通点

「こうすれば必ずお金が貯まります」という方法があったとしたら、あなたはそれを実践しますか？

お金まわりの話に「絶対」はないので、「必ず」という言葉が出てきた際には疑ってかかることが大切ですが、「確率の高い方法」は存在します。数多くの人から家計相談を受けていると、約2割の確率で、上手に家計運営をされている方に出会います。収入や家族構成などはバラバラですし、家計の管理方法もそれぞれ違いますが、高い確率で共通しているのは「**家計の数値を把握していること**」です。**特に支出については、毎月の支出はもちろん、将来の支出についてもしっかりと把握されています。**

「家計管理がちゃんとできれば、必ずお金が貯まる」わけではありませんが、「お金が貯まっている人の多くは家計管理がちゃんとできている」とはいえそうです。だとするならば、**家計管理をしっかり行うことは、お金が貯まる確率の高い方法**だと考えられますよね。

†お金が貯まる方程式

お金を貯めるためには、3つの手段しかありません。①収入を増やす、②支出を減らす、③運用でより多い収益を上げる、です。このうち①と③は、自分の力だけで思うようにならないものですが、②だけはほぼ100%自分の意思でコントロールできます。だからこそ、**支出をコントロールできる人は、家計のコントロールがうまくいくのです。**

「お金が貯まる方程式」は、「収入−支出＝貯蓄」ではなく「収入−貯蓄＝支出」です。つまり、「使ったお金の残りを貯金する」のではなく、「将来のために必要なお金をあらかじめ天引きし、残ったお金で支出を賄う」という考え方が大事なのです。

これが実践できないと、収入が増えたとき、それに合わせて支出も増えてしまいます。これではいつまでたっても貯蓄体質の家計になりません。何かのきっかけで収入が減ると、途端に家計が回らなくなります。

このように、「現在」の支出だけではなく、「将来の支出」も管理するためには、「将来何が起こるか」をイメージしておくことが重要なのです。本書の冒頭でも書いたとおり、お金というのは「勝手に貯まる」ものではなく意識して「貯める」ものです。そのためには「貯めるための仕組みや習慣」が欠かせません。この点を肝に銘じてください。

日常生活を送るためには、どれだけ切りつめても最低限の必要な支出は発生します。将来のことを考えすぎるあまり、現在の生活が我慢ばかりでギスギスするのもどうかと思うので、実際には「使わなくてもよい支出」、つまり「無駄遣い」をしっかりコントロールすることで、将来に対するゆとりを築いていくことが大切なのです。

こうすれば高い確率でお金が貯まります。「収入を増やす」「運用で成功する」ことではなく、「将来を視野にいれ、支出を正しくコントロールする」ことと「お金を貯めるための仕組みを構築する」ことが大切なのです。

では次に、この支出をコントロールするための方法を見ていきましょう。

2　保険や共済について知っておくべきこと

では、ここで質問です。

第1問「現在、毎月（あるいは毎年）保障[*1]に掛けているお金はいくらですか？　ご自身が加入している保障はもちろん、ご家族の保障の掛け金として支払っているものも含めて、お答えください」

第2問「その掛け金[*2]はいつまで支払いますか？　そして総支払額はいくらですか？」

＊1　万一の際に備える手段としては、民間の保険会社が販売している「保険」と、助け合いの制度としての「共済」があるが、本書ではこの2つを合わせた表現として「保障」という言葉を使用する。
＊2　保険に対して支払うお金を「保険料」、共済に対して支払うお金を「掛け金」というが、本書では「掛け金」で統一する。

現在契約している保障がない人は別として、加入していながらこの質問に答えられない人は、自分の支出をコントロールできていません。この機会に、保険証券や共済の加入者証を確認し、**「いくらのお金を、いつまで支払うのか」を確認してみてください。**

仮に、毎月の掛け金が1万５０００円で、支払う期間が60歳までだったとします。現在の年齢が45歳だとすると、今後15年間で支払う掛け金の総額は２７０万円（＝1万５０００円×12ヵ月×15年）となりますが、さらにもうひとつの質問があります。

第3問「あなたが支払っている掛け金は、今後ずっと変わりませんか？」

†よくわからない数百万円の買い物

民間の保険会社が提供している保険商品には「更新型」といわれるものがあります。更新型の保険は、更新を迎える度、その時の年齢等に応じて保険料が見直されます。そのため、たとえ現在の保険料が1万５０００円だったとしても、5年後には2万円や２万５０００円に上昇するかもしれません。手元にある証券を見ただけではわからなければ、是非この機会に加入している保険会社に確認してみましょう。

ちなみに、先ほど計算した「支払う掛け金の総額２７０万円」は、45歳から60歳までの15年間だけの分です。毎月の掛け金が加入時から変更がないタイプだったとしても、加入したのが30歳の時、つまり15年前だったとすると、この契約に対して支払う掛け金の総額は540万円（＝1万5000円×12カ月×30年）となります。**「生命保険は人生で2番目に高い買い物」**といわれるゆえんです。

多くの人にとって人生でいちばん高い買い物は住宅ですが、家を買わない方であれば、単独の買い物としては生命保険が最も高い買い物になるでしょう。それなのに、値段（支払総額）を把握しないまま契約しているなら、とても怖いと思いませんか？

†契約時の登場人物

さて、ここまでは保障のなかでも生命保障に焦点をあてて、話を進めてきました。でも、生活に関わりのある保障には、生命保障のほかにも、医療保障や火災保障、自動車保障などがあります。それぞれどういうものかを簡単に見ておきましょう。

その前に、契約時に登場する「契約者」と「被保険者（被共済者）」と「受取人」の違いを確認しておきます。

契約者は、**「契約上の一切の権利と義務を持つ人」**です。簡単にいうと、**「契約をして、掛け金を支払う人」**のことです。そして被保険者（被共済者）は、**「保障が掛けられている人」**のことです。被保険者（被共済者）に何かがあった時に、保険金（共済金）や給付金が支払われます。最後の「受取人」は、文字どおりお金を受け取る人のことです。ちなみに契約者は受取人を変更することができますが、その際には被保険者の同意が必要となるケースが一般的です。

ご夫婦の場合、配偶者の方を受取人にしておくケースがほとんどですが、仮に離婚した場合、そのまま放っておくと、自分にもしものことがあった際の保険金や共済金が「別れた夫（または妻）」に支払われます。「離婚したから関係ない！」とはなりませんので、**家族関係に変化があった時には、保険の受取人を変えなくてよいか、チェックしておきましょう。**

†保障には目的がある

では、各保障についての説明です。

まず「生命保障」とは、「人の生死に対して一定の金額を支払うもの」です。死亡した時に残された家族が経済的に困らないようにするための死亡保障の役割がメインですが、特定の時期まで生きていた場合に必要となるお金を貯めるための貯蓄の役割もあります。

次に「医療保障」。これは「病気やケガによる入院を保障する商品」の総称です。入院日数に応じて支払われる入院給付金と、手術の種類に応じて支払われる手術給付金が基本の保障となっています。

また、医療保障のなかでも「がん」だけを対象にした商品が「がん保険」です。がん保険は「がん（悪性新生物）」の保障に特化しているため、医療保障と同様の入院給付金や手術給付金のほかに、がんと診断された場合には診断給付金と呼ばれる一時金が支払われることが一般的です。

診断給付金は商品によって支払条件が異なり、「1度限りの支払い」や「複数回支払いＯＫ」などさまざまです。それ以外の保障として、放射線治療などを行なう入院を伴わない通院に対しても、一定の条件のもとで給付金を支払う特約や、退院時の一時金、自宅療養が必要になった場合に支払われる特約などもあり、掛け金だけではなく、保障内容の違いをしっかりチェックしたい商品です。

†火災保障は火事だけじゃない

火災保障は「火災による建物や家財の損害を保障する商品や制度」です。しかし、火災だけではなく、風災や雪災、ひょう災、落雷、爆発、破裂などによる損害や契約内容によっては床上浸水などの水災も保障対象となります。つまり、台風で窓ガラスが割れた、とか、雪の重みで屋根が壊れた、という被害も、火災保障の商品によってカバーされることがあります。そのため、**建物に何らかの損害が発生した時には、念のため、加入している契約から何か給付されないかをチェックしておきましょう。**

以前、私の顧客に、「雨漏りをしていたところを修理した」と話す方がいたので、もしかすると火災保障の支払対象になるかもしれないと思って確認したところ、数十万円の工事費用に対してお金が支払われたことがあります。

ちなみに、火災保障に加入する際には「建物」と「家財」が別の契約となります。これを知らないためによく起こるのが、「住宅ローンを組む際に火災保障に加入した」からすべての火災による損害がカバーされると思っていたら、契約していたのは建物だけで、家財には保障がかけられていなかったというケースです。

検討した結果「家財には保障が必要ない」と決めたのであればいいのですが、そうでなければ「いざという時に役に立たない」ことになりかねません。火災保障に加入している人は、この機会に契約内容をチェックしてみましょう。

†地震に備えるのは地震保障

また、火災保障とセットでよく出てくるのが「地震保障」です。

地震保障は、地震・噴火・津波などを原因とする建物の倒壊や火災などの損害を保障する商品です。建物に何らかの損害があった場合に備える火災保障でも、地震による被害は支払いの対象外になります。地震に備えるためには、火災保障の契約の際、いっしょに地震保障にも加入する必要があります。というのも、**地震保障は原則として単独で契約することができない**ため、必ず火災保障とセットで加入することになるからです（一部の少額短期保険には、単独で地震保障を行う商品があります）。

なお、農協（以下、ＪＡ。農業協同組合のことでグループ全体を総称して「ＪＡ」と呼ぶ。ＪＡのなかの保険事業をＪＡ共済という）の火災保障は、建物更生共済と呼ばれます。この共済には「地震に対する保障」が最初からついています。また建物更生共済は、原則として「満期金」が付いている積立型の制度なので、他の火災保障の商品と比較すると掛け金が高くなっています。また、全労済（全国労働者共済生活協同組合連合会の略称。全労済は、労働組合や職場を通じて団体でまとまって加入する団体生命共済等も扱う生活協同組合の連合会）の火災共済で、地震を保障対象とする際に加入するのが「自然災害共済」と呼ばれるものです。自然災害共済は、地震保障だけではなく水災に対する保障も含まれます。選択の際には、何が保障対象なのかをしっかりチェックしましょう。

このように、商品や制度によって微妙に内容は異なりますから、ご自身の状況や目的に合わせた選択が重要です。また、建物の構造や床面積、築年数の他、どこまでの保障を付けるのかによって掛け金は大きく違うため、複数の見積もりを取る時には「保障内容の条件を統一する」ことが大事です。

自動車保障も状況によって見直すべき

最後に自動車保障です。自動車保障は、自動車事故によって生じる自分自身の傷害（けが）や車の損害、相手方や同乗者（搭乗者）への損害賠償などをカバーする商品です（相手方に対する賠償を目的とする部分は「補償」と表します）。自動車に乗る際には「自動車損害賠償責任保険（自賠責保険）」という強制保険への加入が義務付けられていますが、自賠責保険でカバーされるのは相手の身体に損害を与えた場合の「対人賠償」だけです。したがって、これに加えて民間の保険会社や共済の自動車保障を任意に掛けることがあり、通常「自動車保障」といえば、この任意保障のことを指します。

自動車保障も、乗っている車種はもちろん、運転者の年齢や免許証の色、年間の走行距離や自動車の主な使用用途など、細かい条件によって掛け金はずいぶん違います。民間の保険会社だけではなく、ＪＡや全労済などの共済制度もあります。特に「運転者の年齢条件」と「車両保険」は掛け金に大きく影響します。

統計上、免許を取得したばかりの若年者は事故を起こす確率が高いため、「運転手の年齢を問わずに補償する」という契約内容にすると、掛け金が割高となります。保険会社によって違いますが、たとえば子どもが免許を取ったので、今までは26歳以上の運転者だけを補償する契約にしていたけれど、年齢を問わず補償するように変更すると、掛け金が今までの2倍以上になることはめずらしくありません。その子が日常的に車を運転するのであればそれでもいいですが、もし「年に数度」しか運転しないのであれば、「1日自動車保険」のように、運転する時だけ加入できる商品などを選ぶこともひとつの方法です（「1日自動車保険」などで検索すると出てきます）。

自動車保障を使うか使わないか？

自動車事故を起こした時、保険や共済を使うべきか使うべきでないかを悩む場面があります。

というのも、自動車保障の商品は、事故を起こしていない（＝保険金を請求していない）と翌年の掛け金が割引となり、事故を起こして保険金の請求をすると翌年の掛け金が割増しとなる仕組みがあるからです。

自動車保障の掛け金の割引率や割増率は「等級」によって決められており、1年間無事故だとこの「等級」が上がります。10等級が11等級になるという感じで、等級が上がると掛け金は割り引かれますので、無事故が続くと掛け金は毎年安くなっていくわけです。

一方、保険を使うとこの等級が一気に３つ下がります。たとえば、15等級だった場合翌年は12等級になってしまい、等級が下がると掛け金は上がります。しかも、２０１３年に制度改正があり、同じ「12等級」でも「11等級の人が無事故だったので12等級になった場合」と「15等級の人が事故を起こして12等級になった場合」では掛け金の割引率が違うようになりました。ようするに「事故を起こして保険を使った人の掛け金は大幅に上がる」うえに、この「割引率のペナルティ」が３年間続くのです。

これは私の家族に起こった実話です。ちょっとした不注意で車を柱にぶつけてしまい、修理費用が約15万円と言われました。「こういう時こそ保険の出番！」というわけで、保険会社に連絡をしてみると、保険を利用することで翌年以降３年間掛け金がアップとなり、その合計額は約30万円と言われました。これだけを見ると、「長い目で見れば保険を使わない方がいい」という判断になりますが、翌年以降の保険の契約条件を変更することで掛け金を押さえることも考えられます。この時には「修理代として今必要となる金額」と「3年間の保険料アップ分の合計額」がほぼ同じということになり、最終的には保険のお世話になったのですが、「保険を使う場面で、使うべきかどうかで悩む」というのは自動車保障ならではだな、とあらためて感じる出来事でした。

いずれにしても**人任せで内容を理解しないまま継続するのではなく、補償の内容は自分自身の状況と目的に合わせてしっかりチェックしておきましょう。**

†賠償責任への備えは必須

ここまでにみた4つは「日常生活のなかで関わりの多い保障」として代表的なものですが、これに加えて是非加入を検討しておきたいのが「個人賠償責任」をカバーする保障（以下、個人賠償責任保険という）です。

個人賠償責任保険は、日常生活において生じた偶然な事故で相手方に損害を与え、損害賠償責任を負った場合に保険金が支払われるものです。たとえば、「お店に並んでいる商品を壊してしまった」「子どもが遊んでいて、近くに駐車していた車に傷をつけてしまった」「散歩中に飼い犬が他人を噛んで、けがをさせてしまった」などが典型的な事例です。最近では自転車による衝突事故が注目されています。

自転車に乗っていて、出会い頭に他の自転車や歩行者と衝突し、相手が大けがをした場合など、こちらに非があればその損害を賠償しなければなりません。**状況によっては、「数千万円」という高額な賠償金支払いを命じられるケースもある**ため、この保障はぜひ加入を検討してください。ちなみに、自動車保障や火災保障などの契約があると、特約（おまけ）として個人賠償責任保険がついているケースもよくあります。重複した内容の保障を付けることで支払った掛け金が無駄にならないよう、ここでも現在自分が加入している商品の保障内容のチェックが重要です。

†1000万円を超える買い物

さて、ここまでに「生命保障」「医療保障」「がん保障」「火災保障」「地震保障」「自動車保障」そして「個人賠償責任」といった保障を説明してきました。このなかで、ご自身が加入している契約で支払っている掛け金を合計すると、先ほど例に出した月額1万5000円は軽く超えませんか？

もし、全部合わせると月額4万円くらいになるのであれば、15年間に支払う掛け金の合計は720万円です。今までに支払ってきた分も含めると1000万円を超えることも珍しくないのです。

ここでは「何かが起こった時に備えるもの」を保障と位置づけましたので、老後の資産形成のために利用する「個人年金保険等」は計算にいれておりません。ただ、「学資保険」に加入している人は、できればこれも「加入している保障」に含めてください。

学資保険（または「こども保険」や「こども共済」）は、教育資金準備を目的とした貯蓄性の商品の総称です。契約者が死亡した時には、それ以後の掛け金払込が免除されるうえ、進学祝金や満期保険金等は当初の予定どおり支払われることが特徴です。この点において「契約者である親等に対する保障」の面が強くあります。逆を言えば、「学資保険」を契約した際には「自分の加入している生命保障」を見直すことが大事だといえます。

†共済と保険の違い

ここで、共済と保険の違いについても触れておきましょう。

すでに何度か言葉が出てきているとおり、保険と同じ目的で利用する制度に共済があります。JA共済や全労済、都道府県民共済、コープ共済などが代表的なものです。「保険」といわずに「共済」と呼ぶのは理由があります。単純には「限られた仲間うちしか加入できない」のが共済で、「不特定多数の人が加入できる」のが保険です。JA共済に加入できるのは、農協の組合員（または准組合員）に限られ、全労済に加入できるのは、全労済の組合員だけです（JA共済には員外加入という制度があり、一定数までは組合員以外でも加入可能です）。

では、なぜこのように仲間うちしか加入できない制度が必要なのでしょうか？

そもそも保険というのは相互扶助、つまり「助け合い」で成り立っている制度です。たとえば、自分が死亡した時に１０００万円を遺そうとした場合、１人で毎月１万円の積立によって達成しようとすると、金利を考えなければ１０００カ月、つまり83年と４カ月という期間が必要です。でも、１０００人が１万円ずつ出し合えば、一瞬で１０００万円を用意することができますよね。そして、過去の統計から「１年間のうちに１人が亡くなる」ことが想定されていれば、その亡くなった方の家族（以下、遺族といいます）に対して１０００万円を支払うことができます。

この「１年間に何人が亡くなるか」という予測は、過去の統計から確率論で導き出します。こうした知恵から発生し、制度として確立したのが保険であり、共済制度も基本的な仕組みは同じです。

日本の保険会社を見ると、一部の大手生保に「相互会社」という形態が残っています。これは保険が「相互扶助」という助け合いの考えから成り立っているからですが、現在では大多数の保険会社は株式会社となっています。株式会社は営利団体なので、利益を追求します。そして、この場合の「利益（保険の場合は剰余金と呼びます）」が誰のものかといえば、原則としてお金を出した（出資した）株主のものです。

一方の共済制度は、「仲間内がお金を出し合って作った相互扶助の制度」です。その運営のために必要な事業費を除いて、発生した利益（＝剰余金）は、出資者である共済の加入者に還元されます。

保険も共済も「出資者にお金が戻る」という意味では同じですが、共済の場合は「出資者＝共済制度に加入している仲間」であり、株式会社形態の保険会社の場合の出資者は、基本的には「営利を求める資本家」になります（もちろん出資者のなかには、その保険に加入している人も含まれます）。つまり、簡単に言うと、保険では「加入者＝お客さま」という立場であることが通常である一方、共済は「加入者＝当事者」という立場になっている制度というわけです。

「保険の見直し」というと、民間の保険会社の商品を中心に考えるケースが多いですが、こうした共済制度の利用や、勤め先の企業や団体で組織の構成員だけが加入できるお得な制度（企業内保障などと言われるもの）があったりもしますので、ぜひご自身の環境を確かめてください。

†必要保障額を考える

さて、ここまで保険や共済の仕組みを見てきましたが、次に考えるべきは、「いくらの保障に、いつまで入ればいいの？」ということです。これを必要保障額の計算と呼びます。

ここでは、具体的に必要保障額の計算方法を見ていきましょう。「計算」というと、その時点で「え？」と拒否反応を示す人が多いのですが、ここで出てくるのは、小学校の算数レベルのものです。何も気負う必要はありませんのでご安心ください。

まずは単純な例を考えてみます。あなたがローンを組んで住宅を購入し、ご自身が働いて得る収入からローンの返済を行っているとしましょう。では、収入の担い手であるあなたが交通事故や病気などで亡くなったらどうなるでしょうか？

単純に考えると、収入が途絶えるためローンを返済できなくなります。だからといって、遺族の誰かがすぐに同じだけの収入を得ることは難しいかもしれません。貯金もなく、親や兄弟姉妹など身近な人にも助けるだけの経済的な余裕がなければ、遺族の方の生活はたちまち行き詰まるかもしれません。そこで生命保険の登場です。このケースでは、「私に必要な保障」は「残ったローンが支払えるだけの金額」と考えられます。

仮に、死亡時に２０００万円のローンが残っているとするなら、２０００万円の生命保険に加入しておけば、受け取った保険金で残りのローン全てを支払えるため、遺族がローンの返済で困ることはありません。逆を言えば、死亡時点で２０００万円の貯金がある、遺族のなかに返済できるだけの十分な収入を得る方がいるならば、保険がなくても大丈夫なわけです。

前提条件

毎月の生活費（住居費、保険料、教育費は除く）：20 万円
住居費：住宅ローンの返済が毎月 8 万 5000 円。固定資産税は年間 14 万円。
（マンションの場合の修繕積立金や管理費もここに含みます）
教育費：中学校まで公立、高校は私立、大学は私立文系を予定
その他の費用：お葬式代として 200 万円。自動車の維持費は考慮せず

※平均標準報酬は、2003 年 3 月までが 25 万円、2003 年 4 月以降は 45 万円と仮定

図表４－１　必要保障額計算の前提条件

また、現時点で必要な保障が２０００万円だとしても、今後もローン返済を続けていけば残債は減っていきますから、15年後には１０００万円の保障で大丈夫かもしれません。実際、住宅ローンには「団体信用生命保険」という保険がついていることが多く、ここで書いた目的で利用されています。これこそが保険の考え方の基本なのです。

自分でできる必要保障額の計算

何を目的に加入するのか、そのために必要な金額はいくらか、それがいつまで必要なのかを考える。また、時間の経過とともに必要な保障額が変われば見直しをする。必要保障額の計算でやることはこれだけです（これが大変といえば大変なのですが……）。

生命保険の場合は、「自分が死んだときにいくらのお金を残せば家族が困らないか？」を計算すればいいので、とにかくいちど自分で計算してみましょう。

① 1カ月に最低必要な生活費

・末子22歳まで	14 万円	×12カ月	× 16 年間	= 2,688 万円	
・配偶者65歳まで	10 万円	×12カ月	× 8 年間	= 960 万円	
・配偶者平均余命まで	0 万円	×12カ月	× 0 年間	= 0 万円	
				合計	3,648 万円

20万円×70%

22歳－6歳

20万円×50%

65歳－(41歳＋16年)

図表4－2　必要保障額計算シート　①今後の支出

ここでは山田さん一家を例にあげます。家族構成は、45歳の山田さんと、41歳の妻紀子さん、10歳の保彦くんと、6歳の圭介くん2人の子どもがいると仮定し、その他の前提条件は図表4－1のとおりとします。計算するためのシートをつけておきましたので、ご自身の状況に合わせた数字に入れ替えて計算してください。

万一の際の支出を計算する

まずは「生活費」です。

現在の生活費をベースにしますが、「自分がいなくなる分、少しは減るだろう」という点を考慮して「現在の生活費×70%」で考えるのが一般的です。また、子どもが社会人になったあとは妻の生活費だけを考えることとし「現在の生活費の50%」とします。

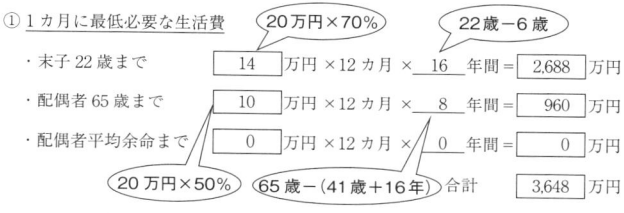

何年分を計算するのかが悩ましいですが、ここでは「子どもが社会人になるのは22歳の時」とし、「妻1人の生活費が必要

・住宅ローン、家賃など　[0]万円 ×12カ月 × 0 年間＝[0]万円
※団体信用生命保険などで、カバーされているローンは省く。

・固定資産税、管理費など [15]万円 × 24 年間　＝[360]万円

・その他（リフォーム費用など）　[500]万円

今回は65歳までの
24年間を考える

合計 [860]万円

図表4－3　必要保障額計算シート　②住まいにかかるお金

	高校まで	大学	
第1子（　保彦くん　）	488 万円 ＋	691 万円＝	1,179 万円
第2子（　圭介くん　）	612 万円 ＋	691 万円＝	1,303 万円
		合計	2,482 万円

図表4－4　必要保障額計算シート　③子どもにかかる教育費

なのは65歳まで」としましょう。65歳以後の生活費は年金でカバーできると考えます。

住宅ローンは先ほどもお伝えしたとおり、ローンについている保険で完済されるとし、今後は固定資産税の負担だけを考えます。マンション住まいの人は、管理費や修繕積立金なども入れましょう。リフォームの費用も別途検討しておきます。

「教育費」は116頁のデータを使います。

10歳の保彦くんは小学4年生なので、あと小学校2年間と中学以降の教育費をいれ、6歳の圭介くんが幼稚園の年長さんなので、小学校以降の教育費をいれます。この際、より現実的な話をすると、「1人親世帯には何らかの補助があるのでは？」「そもそも大学進学をせずに働くのではないか？」「奨学金などを活用するだ

・一時金（お葬式代など）	300	万円
・予備資金	200	万円
合計	500	万円
支出の総合計（①＋②＋③＋④）	7,490	万円

図表4－5　必要保障額計算シート　④その他のお金

ろうから、保険で全てを用意しなくてもいいのでは？」といった疑問を持つ方がいらっしゃるかもしれません。このあたりは個人の考え方によります。特にこだわりがなければ「一般的にかかるとされているお金を用意する」のがいちばんシンプルだと思います。

参考までに、文部科学省が公表している「学校基本調査（２０１４年度）」によると、高校卒業者の大学進学率は48％（短大を含むと53・9％、ともに現役合格者のみ）ですが、1人親世帯の大学等への進学率は23・9％（専修学校等を含むと41・6％）というデータがあります（子どもの貧困対策に関する大綱〔２０１４年8月29日閣議決定〕）。

その他の支出として、お葬式代や車の買い替え費用、予備費などを入れましょう。

合計するといくらになりましたか？

紙面で計算したケースでは、７４９０万円となりましたが、このすべてを自分が加入する生命保険で賄うというわけではありません。

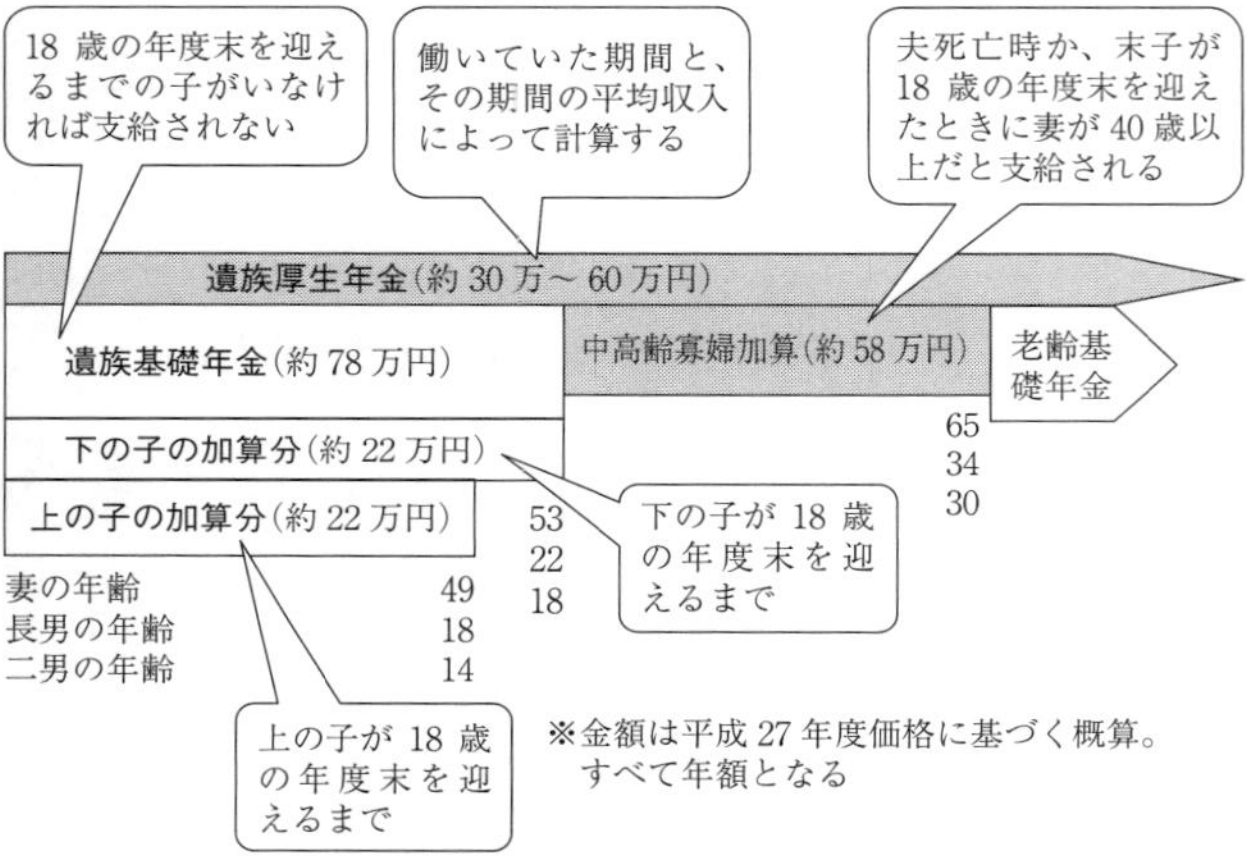

図表４－６　遺族年金の受給図（2015年度価格）

†万一の際の収入を考える

そこで次に「見込める収入」を考えます。これには「国からもらえる公的保障」「企業からの保障」と「遺族が仕事をすることで得る収入」があるほか、「現在の預貯金」や「親族から見込める援助」なども考えます。

まずは公的保障である「遺族年金」です。遺族年金は、年金に加入している人（被保険者）が死亡した際に、一定の遺族が受け取れる公的年金の制度です。**国民年金（基礎年金）から支払われる「遺族基礎年金」と、厚生年金から支払われる「遺族厚生年金」があります。**細かい要件はさておき、図表４－６を見て「自分が受け取れるのは

家族の年齢	年間の受給額	受給期間	受給できる総額
長男が18歳になるまで	1,710,300円	8年間	13,682,400円
長男が18歳になってから 二男が18歳になるまで	1,485,800円	4年間	5,943,200円
二男が18歳になってから 妻が65歳になるまで	1,066,300円	12年間	12,795,600円

※遺族厚生年金は年額481,200円と仮定

図表4－7　モデルケースの年金受給額

どれか？」を確認してみてください。

今回のモデルケースの家族だと、会社員（＝厚生年金の加入者）で、上の子が10歳、下の子が6歳ですから、遺族基礎年金と遺族厚生年金の両方が受け取れ、子と妻の年齢に応じた年間の受取額は図表4－7のとおりとなります。

結果として、妻が65歳になるまでに受け取れる年金の合計額は、約3200万円となります（年金額は毎年改定があるので、概算でかまいません）。

†勤務先から支払われる保障

企業や団体にお勤めの場合、勤務先に何らかの保障制度が導入されていたり、勤続年数や職種に応じた「死亡退職金」が支払われるケースがありながら、制度の存在を知らない人が少なくありません。会社の人事部や総務部、あるいは勤め先に労働組合があるならば、労働組合の事務所で教えてもらえるケースもあるようです。

また、会社や団体の制度が無い場合でも、「団体で入れる保障制度」が用意されていることがあります。募集期間が限定されていることもあり、こうした制度を見逃しているケースもありますが、**同じ保障内容でも、個人で加入するのではなく団体で加入できる制度を利用するだけで、毎月数千円の支出減につながることがあるので、しっかりとチェックしておくことが大切**です。

「社員であれば無料で利用できる食堂」があり、自分好みのメニューもそろっているのに、その存在を知らないために、毎日外食で５００円前後のランチ代を支払っている人がいたとします。多くの人は、「もったいない！」と感じるはずです。団体で加入できる保障制度を考慮していないというのは、保険に関して同じことをしているわけなので、本当にもったいないですよね。今回のケースでは、お勤め先の制度として「死亡時に５００万円の保障」があると仮定します。

また、遺族のどなたかが働くことによる収入も忘れてはなりません。

現時点では夫婦のどちらか一方しか仕事をしていなくても、そのパートナーが亡くなった場合、どこかのタイミングでお仕事を始めると考えるのは自然なことです。いきなりフルタイムは無理でも、月5万円、年間60万円ぐらいの収入を得ることができれば、15年間で９００万円の収入となります。

① 公的年金	3,200	万円
② 勤務先からの保障	500	万円
③ 労働収入　5 万円 × 12カ月 × 15 年間＝	900	万円
④ 現在の貯蓄額	200	万円
見込める収入の総合計	4,800	万円

◎ 必要保障額　支出の総合計－見込める収入の総合計＝ 2,690 万円

図表4－8　必要保障額計算シート　⑤今後見込める収入

そして最後はご自身がすでに準備しているお金、要するに「貯金」を加味して終了です。これらを全て加味した結果、今回のケースでは、必要保障額が2690万円となりました（図表4－8）。

ご自身の状況に置き換えて計算した金額に対して、現在加入している保険はいかがですか？

保険証券を出し、**「現在の保障額**（保障額は「災害死亡」などの上乗せ部分を省き、「普通死亡（病気死亡）」で確認する）**」を確認し、過不足があれば見直しを検討しましょう。**

保険営業職員との上手な付き合い方

さて、ここまでの計算は自分1人でも行えますが、最終的に保険や共済の商品を利用するとなると、商品を扱っている担当者（以下「保険営業職員」といいます）に用意してもらう必要があります。

信頼のおける保険営業職員が身近にいるなら、その人にお

願いするのがいちばんですが、今ではインターネットで手続きできる保険会社も増えていますから、こうしたサイトを活用するのもいいでしょう。

ちなみに、ネット生保の保険料は安いケースが多いようですが、商品によっては、対面で保険営業職員を通じて加入する商品の保険料の方が安いケースもあり、この点でもしっかりとした比較は大切になります。また「ネット生保ではわからないことがあっても質問できない」というのも必ずしも正しくなく、メールや電話を使って直接質問できる窓口を設けているケースもあるので、上手く活用することが大切です。さらに言えば、**「保険料が安ければいい」わけでもないのです。**

もちろん、同じ保障内容であれば掛け金が安いに越したことはありません。だからといって、毎年販売される多くの新商品のなかから、「つねに最も安い商品」を追い続けるのは現実的ではないでしょう。「信頼できる保険会社（または保険営業職員）を通じて、自分に合った保障を組み立てること」を第一に考えるべきです。

勤務先を通じて手続きができる制度は別として、自分自身で保険加入の手続きをする場合、大きくわけると「保険会社に所属する営業職員から加入」「保険会社から独立した保険代理店の担当者から加入」「街に店舗を構える保険ショップで加入」「インターネットを通じて自分で手続きをして加入」という4つのパターンが考えられます。

どのパターンにもメリットとデメリットがありますが、すべてに共通して言えるのは、**常にあなたが主導権を握ることが大切**ということです。

保険営業職員には、「こちらの都合を考えないで無理な勧誘をしてくる」というイメージが根強くあるようで、積極的に関わることを望まない人も多いかもしれません。

人の相性というのはさまざまですから、一概には言えないものの、「**こちらの話をしっかり聴いてくれる人**」に相談することが大切でしょう。

これは、複数の保険会社の商品を扱う代理店の担当者や、街中の保険ショップの窓口の人についても同じことが言えます。保険の契約実績によって評価される立場である以上、保険営業職員が「中立」な立場になることはありえない点を理解したうえで、こちらの話をしっかりと受け止めて、それに合わせた情報提供や商品提案をしてくれる人を探したいものです。

その点、営業職員が介在しないネット生保では、「いい担当者とのめぐり合い」を考える必要はありません。自分自身で商品の選択ができれば、あとはすべて自分のペースで手続きが進められます。それは大きなメリットと言えるでしょう。その反面、これはデメリットでもあります。人は「自分のことを後回しにしがち」ですから、行動を促してくれる人がいなければ、「そのうちにやればいいや」と先送りにするケースもありえます。もし、手続きが完了する前に万一のことが起きたらどうしますか？

　必要性を感じながら、手続きができていなかったことで、大切な家族が経済的に困る状況は避けたいですから、ネット生保で手続きを進めるのであれば、あまり時間をあけずに一気に進めてください。電話による相談窓口があるならば、上手く活用するといいでしょう。

†保険営業職員に「どうしたらいいですか？」と尋ねてはいけない

「どうしたらいいのですか？」「よくわからないのでお任せします」というセリフは、保険営業職員に言ってはいけません。

　たとえばレストランで、「どの料理がおすすめですか？」と聞いた場合、当然、その「お店としておすすめの料理」が出てきます。でも、辛い物が苦手なのに、辛い料理が出てきたらどうでしょう？　せっかくすすめてもらっても、食べられません。それならば、「私は辛いものが苦手なのですが、おすすめ料理はありますか？」とか「生モノがダメなので、焼き魚だと何がありますか？」というように、最低限必要な情報や考えを伝えたうえで、お任せするべきです。

　これを保険に当てはめてみましょう。

先ほど計算した「自分にとって必要な保障額」についての数字がよくわからないまま、「どんな保険がおすすめですか？」と尋ねると、自分には合っていないけど、保険会社としておすすめしている商品を中心に提案される可能性が高くなります。

ですから、保険営業職員に尋ねるときは、

「自分に必要な保障はこうなので、これに合ったプランをいくつかご提案いただけますか？」

と聞くべきでしょう。

その際に、単に「わかりました！」とだけ言う人ではなく「なるほど、わかりました。ただ、いくつか確認させていただいていいですか？」というように、こちらが気づいていないことをチェックしてくれる人であれば、なお良いでしょう。

信頼できる担当者がいれば、その人にお任せしていいのですが、その方がいつまでも担当者でいてくれるとは限りません。ここでお伝えしたような基礎知識の大切さを自分でしっかり認識することが大切です。とにかく**生命保険は数百万円にもなる買い物であること**を忘れないようにしましょう。

3　子育てに必要なお金の話

†教育資金は予測できる

子どもがいる場合、日々の食費から塾やお稽古事にかかる費用まで、成長に応じて必要となるお金があります。子育てにかかるお金といえば、これらすべてを含む話になりますが、ここでは中心となる教育費についてみておきましょう。

ここでいう教育費の定義は、「子どもの進学に応じて学校に支払うお金（＝学費）」の他、塾や家庭教師、各種の習い事にかかる「学校外教育費」の2つを合わせたものとお考えください。

ライフプランにおける教育費のいちばんの特徴は、子どもが誕生した時点で必要な時期とおよその金額が予測できることです。事情によって多少ずれることはあるかもしれませんが、一般的には6歳になった次の4月で小学校に入学し、12歳になった次の4月で中学生になります。公立か私立かで必要な費用は違いますが、いずれにしても**早く準備を始め**

ることが大切です。

図表4-9は、教育費の話の時によく出てくる文部科学省と日本政策金融公庫の調査結果を表にまとめたものです。「私立」と一括りにしても、地域や学校によって金額は大きく違いますが、将来の見通しを立てる際の参考にはなるでしょう。

参考ついでに、高校受験と大学受験が重なった筆者の家庭の教育費を開示してみましょう。この年は、地元の公立中学校に行く三女を除き、長女と二女が受験生で、しかも共に私立への進学となりました。本音をいうと「高校までは公立で……」と考えていたのですが、義務教育とは違う高校では希望通りになるとは限らないのです。

まずは、受験前の最後の追い込みである塾の冬期講習費用が2人併せて約20万円。

そして受験料。同じ大学でも学部や学科ごとに受験する必要があり、ひとつの受験に対する受験料は3万~3・5万円。長女は3つの大学で複数の学科を受験したため、受験料は全部で29万円でした。高校受験の二女は「専願」でひとつに絞ったため2万円のみ。両方の合算で31万円です。

二女が無事に合格通知を受けたあと、「2日後」の期日を指定された入学金が15万円（これは専願のためです）。その後の制服や備品の購入で約8万円。初年度の学費56万円と諸費用14万円は5月に振込が必要でした。多くの学校では2分割も可能なようです。

子どもの年間の学習費総額（高校まで）

		幼稚園		小学校		中学校		高等学校	
		公立	私立	公立	私立	公立	私立	公立	私立
年間学習費総額		23万円	49万円	31万円	142万円	45万円	130万円	39万円	97万円
内訳	**学校教育費**	15万円	37万円	10万円	86万円	17万円	100万円	23万円	72万円
	学校外活動費	8万円	12万円	21万円	56万円	28万円	29万円	16万円	24万円

出所）文部科学省「子どもの学習費調査（2012年版）」
※千円単位で四捨五入しているため、合計額が合わないケースがある

大学にかかる費用

	大学		
	国公立	私立文系	私立理系
入学費用	79.6万円	94.0万円	103.3万円
在学費用	109.7万円	149.2万円	177.3万円

出所）日本政策金融公庫「家計における教育費負担の実態調査（2013年度）」

図表4-9　子どもの学費

なお、高校の授業料については国からの助成金があるため、公立高校の授業料相当分（約12万円）が後から還付され、実質の負担は60万円弱となります。長女の大学は入学金26万円＋初年度学費が約１１０万円。これも2分割が可能でした。

さて、ここまでの金額を単純合計すると約２８０万円。これだけのお金が4カ月ほどの間に一気に出ていきます。ですから、本当に、本当に、早くからの準備は大切だと、力を込めてお伝えしたいのです。

なお、ここには遠方の学校を受験する際の宿泊費や交通費は含まれていません。また、通学にかかる交通費やひとり暮らしの際の家賃など、さらに年間数十万円がかかることも珍しくありません。

ちなみに、18歳になった子どもが運転免許の取得を希望した場合、その費用とともに、運転することになる家の車の自動車保障の年齢区分を変更する必

要が出てきます。車種や補償内容、また保険会社によって大きく違いますが、我が家の場合、この変更によって年間の保険料は6万2000円から14万2000円になりました。これらの費用は子ども自身に負担させる選択肢もありますが、ある意味「教育費」といえるかもしれません。

話を戻しますと、教育費は私立か公立かによって準備する金額に大きな差がでますが、ここは親としての感覚で決めて構いません。義務教育段階の中学校までは公立で、高校と大学は私立を想定する、というケースが一般的にはよく利用されます。積立の際に無理がないように公立をベースに準備し、もしも私立に行くこととなれば、奨学金や教育ローンの利用を考えるというのもありでしょう。

いずれにしても教育費を考える際に大切なのは、キャッシュフロー表の存在です。

公立に通っている限り、小学校や中学校までの教育費負担は日々の生活費の中から捻出できる金額です。また、この時期に自宅を購入されるケースも多いので、**高校や大学に通う頃には「住宅ローン」と「教育費負担」が一気にのしかかってくる時期を迎えます。**前述した「耐え時」ですね。

キャッシュフロー表を作っておくと、「耐え時」にどの程度の負担が必要になるのか、いくら貯めておけば乗り越えられるのかを、あらかじめチェックできます。「住宅」と

「教育」の2つが関係する人は、特に注意しておきましょう。

†資金準備の手段

このように「将来の支出がある程度予測できるお金」は、計画的に準備できるメリットがあります。わかりやすいように、大学にかかる費用準備だけを考えてみましょう。先ほどの統計では、私立文系として「入学費用」が94万円で、「在学費用」が149万円でしたから、「入学時に243万円、その後3年間は毎年149万円」として、このお金を子どもが生まれた瞬間から貯め始めたとします。

一般的には高校3年生の間に18歳となるので、まずは18年間で243万円を貯めることを考えると、単純計算で「243万円÷216カ月（18年間）＝1万1250円」となります。運用した際の利息を考慮すると、実際の積立額はもう少し少なくてもいいかもしれませんが、**243万円という金額は、子どもが生まれた瞬間から積立をスタートしても、毎月1万円ほど必要**なのです。ちなみに、年1％の運用を18年間続けるとすると、毎月必要な積立額は1万323円、年2％で運用すると9457円になります。

さて、この積立額は「大学1年目の費用」のためでしたから、「2年目以降」についても同じように考えます。2年目の149万円は、19年間かけて貯めることができるので、ここでも利息を考慮せずに考えると、毎月の積立額は「149万円÷228カ月≒6535円」となります。以下、同じように「3年目の学費」は20年かけて149万円ですから6208円、「4年目の学費」は21年かけて149万円なので5913円という計算ができます。

これを合計すると、大学4年分の学費を自前で準備するために必要な積立額は、「1万1250円+6535円+6208円+5913円=2万9906円」となるのです。

ずいぶんとハードルの高い金額だと感じた人もいるかもしれません。このような具体的な数字がわかっていると、たとえば「毎月の積立は1万円しかできないけど、ボーナス時に12万円ずつ積み立てたら大丈夫」といったやり方や、「とりあえず、この半分だけを準備しておくようにしよう」というように、**ご自身の生活環境に合わせた現実的な対策**につなげることもできるのです。

†学資保険には加入するべきか?

運用に関する話は、第6節（137頁）で触れますが、このように教育資金を具体的に把握しておくと、学資保険を検討する際の満期保険金の設定や、毎月の保険料についても、目安を立てて検討することができます。学資保険は、子どもの教育費準備を目的とした積立型の保険で、「保険」である以上、毎月の保険料が積立だけではなく「保障部分」にも回ります。当然、その分「運用」としての効率は下がります。しかしながら、前述したとおり、契約者（両親のどちらかが契約者となるケースが多い）が死亡した場合には、それ以降の保険料支払いが免除になるという保険ならではの機能があります。

つまり、**「満期保険金200万円の学資保険」に加入した瞬間、ご自身の生命保険の保障額を200万円下げてもいいため、**毎月数百円かもしれませんが、保険料を削減できるのです。こうした見直しは、いちど行うと効果がずっと続くものですから、面倒だと感じても、是非やることをおすすめします。

ちなみに、「学資保険は入った方がいいのですか？」というご質問をよく受けます。考え方は人それぞれなので一概には言えませんが、あえてはっきり言いますと、「学資保険への加入で悩んでいるならば、上記で計算した半分の金額の学資保険に加入する」という対策をご提案します。つまり、上記でいえば、毎月の2万9906円の半分である1万5000円程度の掛け金の学資保険に加入するのです。こう書くと「学資保険に1万5000円って高くないですか？」といわれることも多いです。その場合は、「じゃあ、いくらぐらいをお考えですか？」と逆にこちらから質問すると、「1万円ぐらいでしょうか……」といった金額を返答されるので、すかさず「じゃあ、その金額でいいのでは？」と伝えております。

学資保険の注意点

もうお分かりでしょうが、ここで大切なのは「学資保険に加入するかしないか」ではありません。「将来必要と考える教育費を無理なく賄うために、いくらの積立が必要なのか？」ということです。

ですから、先ほどの流れで「月々1万円の保険料の学資保険」に加入した場合、その保険の満期時に、いくらの保険金を受け取れるかを確認してください。それによって必要な学費がすべて賄えそうであればいいのですが、もし不足していれば、その分を別の方法で積み立てるか、何らかの手段で準備する必要があります。

なお、毎月の積立は「ちょっとしんどいから今年はやめておこう」というように、自分の意思でストップできますが、学資保険だとそうはいきません。将来確実に必要となる資金を貯める際には、この「強制的に積立が継続する」というのは大きなメリットといえる一方、「融通が利かない」ことや「運用利回りが固定されてしまう」という点はデメリットといえます（配当金がつく商品もあります）。

最も注意が必要なのは「**積立のつもりで利用したのに、支払う保険料の総額より、受け**

取る保険金の合計の方が少ない」というケースです。こういった商品は「元本割れ」と表現されますが、保障機能がいらないのであれば、元本割れの学資保険は避けるようにしましょう。

†貯められなかった場合の対処法

教育費の備えが不十分なままに、必要な時期を迎えた場合はどうすればいいのでしょうか？　読者のなかには、今まさにその苦しみを味わっている方がおられるかもしれません。

この場合、まず第一に考えるのは自分や配偶者の両親を頼れるか、です。親族間でもお金の話は切り出しにくいものですが、日ごろからコミュニケーションがとれていれば、思い切ってお願いするべきです。もちろん、この方法は親世帯に経済的なゆとりがあることが前提ですが、たとえ一部だけでも負担してもらえれば、ずいぶんと楽になるケースも多いはずです。**単に「話が切り出しにくい」というだけの理由で、教育ローンや奨学金を最初に考えたり、不足する生活費をカードローンやキャッシングに頼ることだけは絶対に避けてください。**そして、できれば将来ゆとりができた時に返済するのが望ましいでしょう。

親世帯を含む、親族からの借り入れが難しい場合、次に検討するのは奨学金制度です。奨学金は、日本学生支援機構が有名ですが、大学独自のものや自治体で行われているものもあるので、まずはご自身が利用できる奨学金制度を探してみてください。
「(自治体名)＋奨学金」というキーワードで検索しますと、さまざまな制度がヒットしますし、子どもが通っている学校の事務室や学生課などに確認すると、在学年の途中からでも利用できる奨学金制度が用意されていることもあります。

最後に検討するのが教育ローンです。

奨学金は、学生本人が借りて卒業後に返済するものですが、教育ローンは親が借りて親が返すものです。民間の金融機関などでも、教育費専用のローンがありますが、まずは日本政策金融公庫の「国の教育ローン」を検討しましょう。**国の教育ローンは、学生１人につき３５０万円**（海外留学資金の場合は、一定の要件を満たすことで最高４５０万円までの借り入れが可能）**までの融資が受けられる制度**です。世帯人数に応じた所得制限があるものの、民間の金融機関より低金利なうえ固定金利なので、将来の返済計画も立てやすいものです。ちなみに、２０１５年３月現在の金利水準は２・２５％。仮に１５０万円の融資を受けて、10年返済を選んだ場合、毎月の返済額は１万３９７１円となります。なお、保証人を立てない場合には、融資時に保証料がかかる点に注意しましょう。保証料や返済額は、日本政策金融公庫のサイトで簡単に試算できますから、気になる方はチェックしてみてください。

なお、当然ですが、借りたお金は利息を付けて返済する必要があるため、将来のキャッシュフローの悪化要因になります。特に住宅ローンとダブルの返済負担となる場合、ご自身の老後に備えるお金にまで手が回らない可能性もでてしまいます。やはり、どこまでいっても**「早くからの備え」に勝るものはない点は忘れないようにしたいものです。**

4　おひとり様に必要なお金の話

前項で子どもがいる際の教育費についてみてみました。
では、子どもがいない場合は、このことを全く考えなくていいのでしょうか？

†日本の世帯構成

厚生労働省が発表した「国民生活基礎調査（２０１３年）」によりますと、日本の全世帯数約５０１１万のうち、児童（18歳未満の未婚の者）のいる世帯は１２０８万５０００世帯となっています。教育費負担に関心があるのは18歳未満の子どもがいる世帯と仮定すると、世帯全体の約24％程度となり、それ以外の世帯において教育費の問題は、すでに終わった話題かそもそも関係のない話題と考えられます（子どもが18歳以上だとこの数には入りませんし、1人暮らしや結婚をしているケースもあるため単純には言えませんが）。

一方、子どもがいないことで考えておくべきお金の話もありそうです。

ここでは「おひとり様」という表現を使っていますが、正確に言うと「独身者」「離婚した人」「結婚しているけれど、子どもがいない人」「同居しているパートナーはいるけど、結婚はしていない人」など、生活スタイルはさまざまだと思います。

ただ、「子どもがいない」という共通点で考えますと、「**教育費負担を考えなくていい反面、将来頼れる存在がいない可能性がある**」ということが言えそうです。いや、これも正確ではないですね。たとえ子どもがいても将来頼れる存在であるかどうかはわかりませんから……。

†自分の財産は誰のもの？

あなたが60歳になった時を想像してください。

自分の親がその時にまだ健在だとしても、身の回りのことが1人でできない状態であれば、その生活を支えているのはあなたかもしれません。もしかすると、施設に入居しているかもしれません。

では、さらに20年が経過し、ご自身が80歳になった時を考えてみましょう。両親はすでに亡くなっている可能性が高いですが、さて、その時に自分の生活を支えてくれるのは誰でしょうか？

友人かもしれませんし、甥っ子や姪っ子かもしれません。もし、どなたもいなければ入居している施設の職員さんやヘルパーさんかもしれません。

先日、ある高齢女性のご相談を受けました。

岡崎さんは、私がお話しした相続のセミナーに参加された方で、セミナー後の個別相談会でお話をした時の内容です。

「私は結婚をしておらず、子どももいません。両親もすでに亡くなっているため、自分が死んだあと、後始末をしてくれる存在が姉しかいません。でも年齢からすると姉の方が私より先に亡くなるかもしれません。姉には子どもがいるのですが、もし姉が先に亡くなった後で私が死んだ場合、私の財産はその子にいくのでしょうか？」

「そのとおりですね」

「やはりそうですか。実はそれだけは嫌なんです。小さいときはかわいがっていた時期もあった甥っ子ですが、今ではすっかり気難しいおじさんになっていて、できれば会いたくないぐらいの存在です。実際ここ10年ぐらいはまったく交流がありません。いったいどうすればいいでしょうか？」

会話からもわかるとおり、岡崎さんは、自分が生きている間の生活には今のところ不安がなく、死んだ後にどうなるのか、という点に関心があるようでした。相続に関しては第7章で取り上げますが、子どもや孫がおらず、両親や祖父母もすでに亡くなっている場合、自分が死んだ後の財産は兄弟姉妹が引き継ぐことになります。そして、この兄弟姉妹が先に亡くなっている場合は「兄弟姉妹の子」つまり、自分から見ると「甥」や「姪」が財産を引き継ぎます。

このケースで、甥っ子には財産を遺したくないのであれば、**遺言書の準備が不可欠**です。実際に岡崎さんも遺言書を書くことになりました。その次に悩むのは、「自分の財産はどうすればいいのだろうか？」という具体的な内容です。今は元気で、身の回りのことはすべて1人でできていても、10年後には体が不自由になり、どこかの施設などでお世話になるかもしれません。お世話になった施設や人に財産を遺したいと考えるのであれば、その時に遺言書を書けばいいのですが、もしかすると認知症などで、自分の判断能力がなくなっているかもしれません。

†自分のためのコミュニティづくり

「子どものいないご夫婦」の場合は、岡崎さんのケースでいう「姉」の存在が、ご自身のパートナーになります。自分1人の生活に不安を感じるようになった際、施設を利用するのか、ヘルパーさんに来てもらうのかはわかりませんが、身内以外に身の回りの世話をお願いする場合は経済的な負担が避けられません。そのためにも「お金をなるべく貯めておく」ことはひとつの解決手段になりえます。

一方で、貯めたお金を使い切らなかった場合、相続をどうするかについても考えておく必要があります。**自分自身で気の合う方々と助け合うようなコミュニティを形成しておくことも有効な解決策のひとつ**かもしれません。

いずれにしても「子どもがいない」人が考えておくべきは、「身体の衰えによって、自分1人では生活ができなくなった時にどうするのか？」という点と「亡くなった後、自分の財産をどうするのか？」という点の2つでしょう。

5 資産運用について知っておきたいこと

†メリットとデメリット

「資産運用」という言葉を聞いて、何を想像しますか？

「興味はあるけど何となく怖い」「よくわからない」「お金がないから関係ない」というのは、私がよく耳にする言葉です。ここでは、これだけを押さえておけばいいという、資産運用の基本についてお伝えしましょう。

そもそも資産運用というのは、自分が持つ「資産」を活用すること全般を指します。預貯金や投資信託、株式などの金融商品だけではなく、不動産などの実物資産、もっと広くいえば「自分の身体」や「人脈」というのも大切な資産です。

「現金」を単に財布の中や机の引き出しに入れておくだけでは、1万円はいつまでも1万円のままですが、たとえば銀行の定期預金に預けると、わずかではありますが「利息」が生まれ、資産を増やせます。銀行の定期預金の利息は、金融機関によって違いますが、2

015年3月現在の大手銀行の平均的な金利水準は0・025%。この数字は、100万円を預けたとして、1年後に250円の利息が付くことを意味します。実際には半年ごとの支払いで、利息から所得税と住民税を合わせた20%の税金（2037年までは復興特別所得税も上乗せされる）が差し引かれるので、利息の80%が手取りです。

また、同じ100万円でも、個人向け国債という債券を購入すると、1年間で0・26%（2015年3月募集分の当初金利。個人向け国債のうち、変動金利型10年満期の適用金利。固定金利型5年満期、固定金利型3年満期の適用金利は0・05%〔すべて税引き前〕）の利率なので、税金を無視すると100万円に対して2600円の利息が付きます。銀行の定期預金に預けるより10倍も資産が増えることになります。

これだけを見ると、「国債を購入する方がいいの？」と思いますが、**利息が高いというメリットがある反面、何らかのデメリットがあるので、そのデメリットを理解したうえで、利用するかどうかを考える必要があります**（この「メリットがあればそれに見合ったデメリットがある」というのは、あらゆるお金まわりの話に当てはまります）。

結論を言うと、債券は預貯金より多くの利息がもらえる（＝金利が高い）というメリットがある反面、「お金を貸した相手が倒産した場合に、お金が返ってくる保証はない」というデメリットがあります。また、債券は満期が定められているため、満期前にお金を返してもらえません。仮に現金化しようとすると、「他の投資家に売却する」ことになり、この時には「その時点の時価」で取引されるので、１００万円で買った債券が98万円でしか売れない事態もありえます。

もちろん、その債券が人気商品であれば１０５万円で売れることも考えられます。また「個人向け国債」と呼ばれる債券は、購入後1年が経過したら、自分が買った時の金額で買い取ってもらうことが可能ですが、その場合にも一定の手数料が差し引かれます。このように満期前の換金にはリスクが伴うという点も債券の特徴なのです。

†ハイリスク・ハイリターンの原則

ここで資産運用の際によく出てくる「リスク」という言葉について、その定義を明確にしておきましょう。

「リスク」＝「危険なこと」と短絡する人がいるかもしれませんし、運用におけるリスクとは「損をすること」と考える人が多いかもしれません。でも、その認識は間違っています。**リスクというのは「不確実性」のことを指すので、「損をする」ことではなく「損をするか儲かるかわからない（＝不確実、ブレが大きい）」ということを意味します。**

普通預金は「いつでも自由に引き出せる」もので、預けた元金が変動することはなく、万一預け先の銀行が破たんしても一定金額までは法律で守られているため、「自分が預けたお金＋利息」を確実に受け取ることができます。つまり不確実性がないので「リスクがない」という表現になります。一方の債券は、「途中で換金する場合、時価での売却になるので、金額がわからない」「発行元の国や会社が破たんしたら、貸したお金が返ってこないかもしれない」という不確実な要素もあります。つまり「リスクがある」のです。ちなみに、「株式」は毎日価格が変動しますから、いま買った株が、1カ月後や1年後はもちろん、明日の株価さえも予測できません。つまり、株は債券に比べてリスクが高いといえるのです。

預貯金と債券を比べた場合に、債券の方が適用される金利が高かったように、**原則としてリスクが高いとリターン（期待できる収益）も高くなります。**将来いくらになるかわからない株は、大きく損をする可能性もあれば、大きく儲かる可能性もあります。これを「ハイリスク・ハイリターン」といい、資産運用の基本中の基本です。これさえ忘れなければ、**「リスクがなくて高収益」という商品は何かがおかしい**ことがすぐにわかりますよね。金融商品に関するトラブルや詐欺的な商品に引っかからないためには、こうした基本原則をしっかり押さえることが必要なのです。

†アセット・アロケーションが運用成果を支配する

運用を考える際は、まず「何のために運用をするのか？」を明確にしたうえで、自分の資金量や運用期間、リスク許容度（リスク許容度とは、投資家がどこまでの変動を許容できるかの範囲で、平たく言えば、どこまでの損失に耐えられるかという範囲をいう）などによって利用すべき商品を絞り込みます。その際に「何か1つの商品」に資金を集中すると、予想が当たった時には大きく儲かりますが、予想が外れたら一気に資産を失う可能性があります。したがって、**複数の商品に分散して投資することが大切**です。

ただ、分散といっても闇雲に商品を分ければいいわけではありません。たとえば株式投資の場合、どれだけ投資する会社（「銘柄」ともいう）を分散しても、買っているのがすべて日本の会社の株ばかりだと、日本の株式市場が大暴落した時には、持ち株が一斉に下落する可能性があります。ですから、「株式と債券」を組み合わせたり、「日本株への投資」と「外国株への投資」を組み合わせるなど、過去の値動きが異なる複数の商品への資産配分が大切なのです。こうした資産配分のことをアセット・アロケーションといいます。

資産配分の対象は、大きく分けると「日本の株式市場」「日本の債券市場」「外国の株式市場」「外国の債券市場」の4つになります。これに「預貯金などの短期運用商品」と

	株式		債券	
円貨	日本株式		日本債券	
外貨	外国株式	先進国	外国債券	先進国
		新興国		新興国
	現金・預金		その他資産	

図表4－10　資産配分のカテゴリー

「不動産などの実物資産」を加えて6つの分野で考えるケースが多いようです。**投資成果はアセット・アロケーションで8割決まる**という研究結果があるように、「どの商品を利用するのか？」よりも「どの分野（市場）で運用するのか？」がとても大切なのです。

さて、この話を読んだ読者のなかで、「じゃあ外国株式に投資しよう！」と決断し、すぐに商品の購入を実行できる人はどのくらいいるでしょうか？　本書は資産運用の指南本ではないので、この点は深く掘り下げませんが、海外の株を何の不安もなく購入できる人は、決して多くないでしょう。そこで、**個人がアセット・アロケーションを意識した資産運用をするにあたっては、投資信託の上手な活用が欠かせない要素**だと考えます。また、あなたのお勤め先の会社が退職金制度として「確定拠出年金制度（確定拠出年金は、毎月決められた掛け金を拠出し、その掛け金を加入者が自己責任において運用し、その運用実績によって将来の受け取り額が変動するという年金制度。「Defined Contribution」の頭文字をとって「DC制度」と言われることが多い）」を導入している場合、望まなくても**投資信託**による資産運用を余儀なくされています。

つまり、資産運用を考えるにあたっては、投資信託の理解が欠かせないのです。

投資信託の印象は人によって違うと思いますが、うまく利用することで個人の資産形成に大いに役立ちます。

†投資信託の上手な活用法

投資信託には多くの種類がありますが、代表的な分類として「アクティブ運用」と「インデックス運用」があります。**アクティブ運用とは、投資対象の目安となる指標（ベンチマーク）を上回る収益の獲得を目指す運用手法**のことで、**インデックス運用（パッシブ運用ともいう）とは、あらかじめ定められた指標の動きにできる限り連動することを目指す運用手法**です。

指標（ベンチマーク）というのは、それぞれの市場全体の動きを示すものです。日本の株式市場の場合は、日経平均株価や東証株価指数（ＴＯＰＩＸ）がベンチマークとなっており、「日本の株式市場が全体として上がったのか下がったのか」は、日経平均株価やＴＯＰＩＸの動きを見ればわかるのです。

個々の株を見た場合、どの株が上がるか下がるかを正確に予測することはできませんが、すべての株をまんべんなく購入しておけば「市場全体の動きと同じ値動き」を実現できます。実際にこのような運用をしている投資信託をインデックス・ファンドといいます。**市場全体の動きに連動するため値動きがわかりやすい点と、銘柄を選ぶ技術がいらない分、運用に対するコストがあまりかからず、投資家が負担する手数料が低く設定されている点が特徴**です。

一方のアクティブ・ファンドは、市場全体よりもいい成績を上げることを目指すので、運用責任者（ファンド・マネージャーといいます）がしのぎを削る世界です。ここは競争原理が働く世界ですから、たとえば「日本の株式市場を対象としたアクティブ・ファンド」が500本あるとすれば、運用成績は1位から500位まで順位がでてきます。成績が上位のファンドを選べばいいのですが、それをあらかじめ知ることはできませんし、今年いい成績でも、来年もいい成績を残せるとは限りません。つまり、**どの投資信託を選べばいいのかが難しい**というわけです。

悩んだときはインデックス・ファンドから

アクティブ・ファンドとインデックス・ファンドはどちらが優れているかを、正確に比べることはできません。アクティブ・ファンドも内容はさまざまなので、多少コストが高くても素晴らしい運用結果を出してくれるファンドもあれば、コストが高い上に運用成績もパッとしないファンドもあります。インデックス・ファンドは「平均的な運用」をしてくれますが、それでも市場全体が値下がりしているときには値下がりしますから、必ずしもプラスの運用成果が出るわけではありません。ただ、分散投資を実現する手段としては、各市場の動きに連動するインデックス・ファンドは大いに活用できるでしょう。

先ほど紹介した、日本株式、日本債券、外国株式、外国債券の4つの市場に分散したいと考えた場合、自分でそれぞれの市場の中での投資先を見つけることは困難ですが、**各市場のインデックス・ファンドを1万円ずつ購入すれば、4万円の資金でしっかりと分散投資できる**のです。

6 真面目に働くことと資産運用は相反することなのか？

「お金に働いてもらう」のはいけないこと？

「投資で儲けようなんて夢を見ずに、真面目に働きなさい」という方がいます。この言葉に含まれているのは、「資産運用で財産を築く」ことと「コツコツ働いてお金を貯める」

ことは相反するという考え方です。その背景には「楽して儲けようなんてとんでもない」という倫理も含まれていますが、この考え方は正しくありません。まず**資産運用は「財産を築く」ためだけでなく、「財産を守る」ためにも必要です**。これは最近耳にする機会が増えた「インフレ・リスク」を考えると理解しやすいでしょう。

まず「インフレ・リスク」を言葉どおり説明すると「インフレになった際に被るリスク」です。インフレとは、「インフレーション」の略で、持続的な物価上昇のこと。たとえば、今まで５００円だったラーメン一杯の値段が６００円に上がったとしましょう。つまり物価の上昇です。これをお金の面から見ると、「今までラーメン一杯と交換することができた５００円が交換できなくなった。つまり５００円の価値が下がった」と表現できます。このように、**物価が上がると相対的に貨幣価値は下がるため、手元にある現金や、物価上昇率以下でしか運用できない資金は、実質的に目減りしているわけです**。

これを資産運用で考えてみましょう。今あなたの預金口座に１００万円があるとします。そして、自分が買おうかな、と思っている軽自動車がちょうど１００万円だったとします。この時点では、「１００万円のお金」と「１００万円の自動車」は価値が同じです。

さて１年が経ちました。銀行預金の金利が１％だとすると、口座の１００万円は１０１

万円に増えています（税金などは無視します）。一方、世の中の物価が上がったことで、１００万円だった車が１０３万円になっていました。つまり、数字としては増えているにもかかわらず、あなたの預金ではこの車を買うことができなくなっているわけです。これが「お金の価値が目減りする」というインフレ・リスクなのです。

この時、預金ではなく投資信託などを利用し、３％で運用できたとすると、あなたの資金も１０３万円に増えているため、お金の価値を守れたことになります。ごく単純にいうと、これが資産を守るための運用です。

もちろん、投資にはリスクがありますから、必ずしも増えるわけではありません。お金は銀行の預金に置いたまま、今までよりもう少し頑張って働いて、毎月３０００円でも収入を増やすことができれば、年間３万６０００円の収入増となり、運用をしなくてもお金の目減りをカバーできます。

このように考えると、「運用で資産を増やす」ことと「働いて資産を増やす」ことはどちらがいいという話ではなく、あくまでも自分自身の選択であり、状況に合わせてうまく両立していけばいいものです。

運用で資産を築くことができた人は運用のメリットを強調しますし、運用で資産を減らした人は運用のデメリットを強調するものです。こうした偏った意見に惑わされるのではなく、運用することの意味や影響を理解したうえで、自分の考えに合ったやり方の実践が大切なのです。

自分の身体という資本を大切にする

あなたが毎月20万円あれば生活できる状況だとします。

この状態で、毎月20万円の収入を得ていれば、生活に必要なお金を賄えます。しかし、病気で仕事を休むことになったり、生活費とは別で少しまとまった金額の出費があれば、たちまち立ちゆかなくなります。

では毎月25万円の収入があるとしましょう。

この場合、毎月5万円を残せますから、１年間で60万円。40年間同じ条件で働くとすれば、２４００万円のお金を残せます。この２４００万円の資産を生み出した元本（元になる資本）は何かといえば、紛れもなく働いた本人ですよね。つまり、自分という人的資本を活用して、２４００万円という収益を生み出したようなものです。

ちなみに、２０１５年3月現在の大手銀行の定期預金の金利は、１年間で０・０２５％程度。０・０２５％の金利で年間60万円の利息を得ようとすると、単純に考えて24億円の預金が必要です。世の中には24億円の預金を持っている人はそう多くありませんが、働いて得たお金を適切に管理することでも２４００万円を確実に残せると考えれば、自分の身体という資本の大切さを実感できるのではないでしょうか。

そして、毎年貯めている60万円をそのまま放置するのではなく、長い目で見て運用していけば、この資産からも収益が生まれるでしょう。そして、自分が貯めたお金とそこから生み出された収益によって、自分の生活が賄えるようになれば、もしかすると自分が働いて収入を得る必要はなくなるかもしれません。ここでいう「自分」は、「家族の中の誰か」に置き換えても結構です。

もちろん、**人には常に「運用をしない」という選択肢もあります。**運用が好きだという人は別として、多くの人にとって運用というのは、それ自体が目的ではなく、目的を実現するために必要な資金を得るための手段のはずです。キャッシュフロー表によって将来のお金の流れをシミュレーションした時に、自分が考える十分なお金が確保できるのであれば、無理に運用する必要はないことも忘れないようにしましょう。

7 ローンについて知っておきたいこと

†自己破産者は40代の割合が高い

この章の最後に、ローンについて触れておきましょう。

「ローン」と表現するとスマートに聞こえますが、ローンとは要するに借金です。ここでは、お金を借りている状態であることを強く実感してもらうために、あえて「借金」という言葉を用いることにします。

お金を借りる行為自体は悪ではありません。必要に応じてうまく活用すればいいのです。問題は、返済の目途が立たない借金を背負うことで生活がひっ迫して家計が破たんし、最悪の場合、自己破産にまで至る可能性があることなのです。

データを見ると、自己破産の原因で最も多いのは「生活苦・低所得」であり、年代別では40代が最も多くなっています。

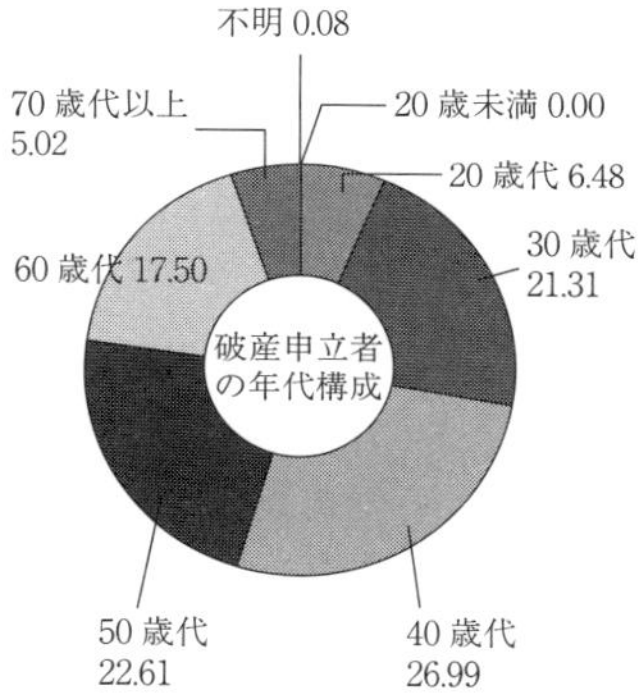

（単位%）

出所）知るぽるとホームページ（http://www.shiruporuto.jp/finance/trouble/saimu/saimu001.html）
日本弁護士連合会消費者問題対策委員会「2011年破産事件及び個人再生事件記録調査」より

図表4－11　自己破産の件数・原因等のデータ

良い借金は時間を買う

こうした事態を防ぐためにも知っておきたいのは、借金には**「良い借金」**と**「悪い借金」**があることです。私が考える「良い借金」とは、時間を買うための借金を指します。

たとえば、住宅ローンを考えてみましょう。

住宅の価格は、マンションか一戸建てかによっても違いますし、地域によっても違いますが、ここでは全国平均の住宅価格*である3600万円と仮定します。

*国土交通省の住宅市場動向調査（2013年度）による購入資金の平均は、注文住宅（土地からの購入）が4017万円、注文住宅（建替え）が3012万円、分譲戸建てが

３６２７万円、分譲マンションが３５８３万円である。これらの平均が３５３６万円なので、３６００万円を住宅購入の目安として考える。

35歳の時には家を買いたいと思い、仕事を始めてから毎年頑張って１００万円の貯金を続けたとしましょう。働き始めた年齢が20歳だとすると、15年間で貯めたお金は１５００万円。35歳でこれだけの貯蓄があればかなり優秀ですが、３６００万円の住宅を購入することはできません。

では、いつになったら買えるでしょう?

このままのペースで貯金を続けるとして、３６００万円が貯まるには36年かかりますから、20歳から働き始めても56歳です。もちろん、ここまで待って買うのもありですが、そもそも35歳で家を買いたいと考えた理由が、「子どもといっしょに楽しく生活するための本拠を持つ」ことであれば、子どもが成長して自宅から独立した後に家を購入しても、この夢を実現できません。時間は巻き戻せないのです。

そこで力を発揮するのが借金です。

１５００万円貯まった時点で、不足分の２１００万円を金融機関から借り入れ、25年間で返済するとします。金利２%で計算すると毎月の返済は８万９００９円ですから、年間１０６万８１０８円の返済です。これだけを見ると、毎年積立をしている１００万円より

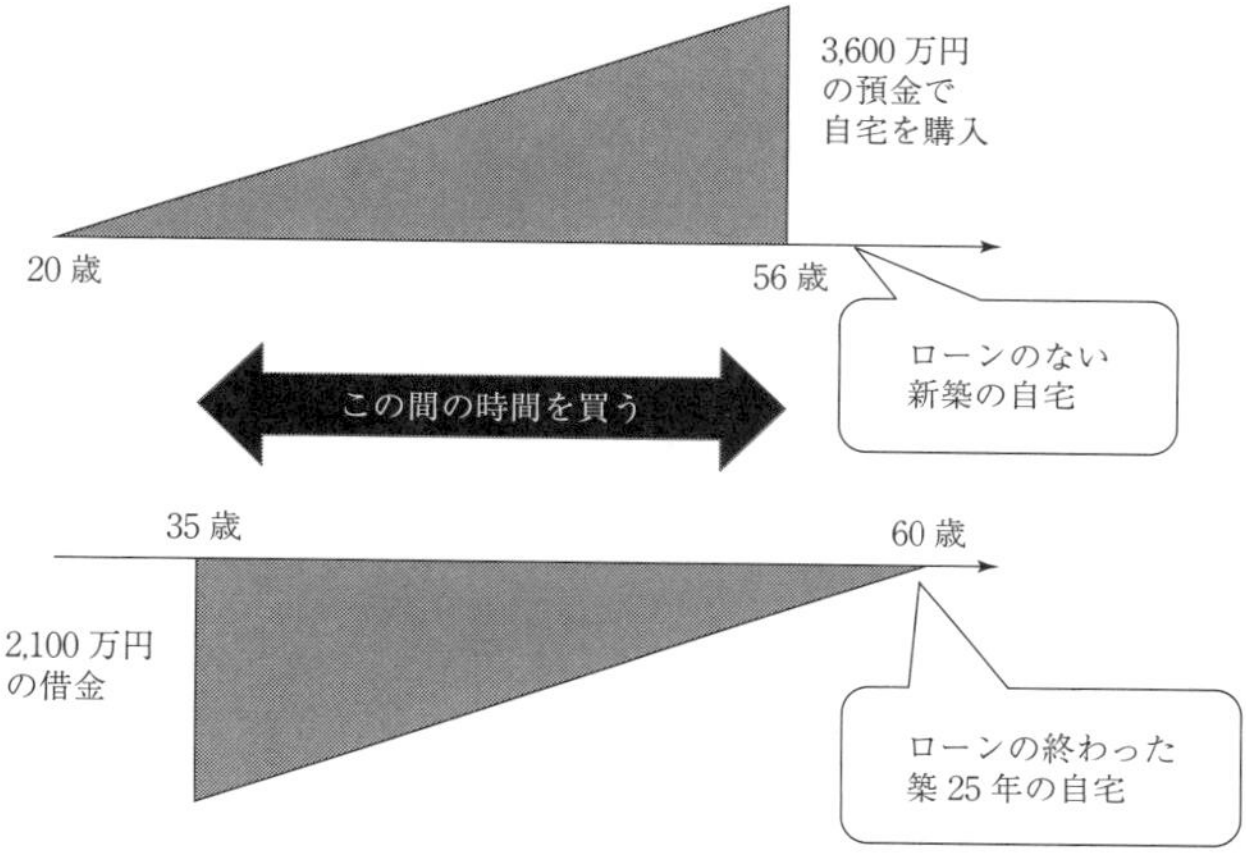

図表 4－12　時間を買うためのローンの活用

は多くなりますが、賃貸マンションに住んでいる現在の家賃が8万円だとすれば、固定資産税などの負担を考慮しても十分にゆとりをもって返済できるはずです。もちろん、子どもが小さいうちに自宅を手に入れることができ、思い描いた生活を実現できることでしょう。そして60歳の時点では借入金の返済も終わります。

これはまさに「時間を買った」わけです。そのための対価として支払ったのがローンの利息（今回のケースでは25年間の総額で約570万2868円）ですが、それも含めてしっかりと返済できたのですから、これは良い借金だったといえそうです。

†悪い借金はその場しのぎ

一方、悪い借金とは、文字どおり足りないお金を調達する借金で、誤解を恐れずに言うと「その場しのぎ」である可能性が高いものです。生活費が不足した際のキャッシング等が典型的です。

また、過剰なローンも悪い借金です。少し極端ですが、今回のケースで「どうせお金を借りるのだったら、借りられるだけ目いっぱい借りよう」と考え、４０００万円を借りたとします。１５００万円の自己資金と合わせると、５５００万円の家が買えますが、この返済はどうなるでしょうか？

先ほどと同じく金利２％の25年間返済で計算しますと、毎月返済額は16万９５４２円で、年間返済額は約２０３万４５００円となります。金融機関にもよりますが、安定したお給料を得ている人であれば、「年収の30％程度」までは貸してくれるため、**一見無謀に見えるこのようなローンも、年収によっては組むことが可能**なのです。

もちろん、今後も順調に収入が増え、問題なく返済できるかもしれません。でも、楽観的な予想に反して収入が伸び悩むことになれば、毎年２００万円を超える借金を返済し、しかも、子どもの成長とともにのしかかってくる教育費負担が、家計を大きく圧迫することも想像できます。つまり、このケースは「時間を買っている」のではなく、「**足りないお金を無理に調達している**」悪い借金であるといえます。

この考えから言うと、「遊ぶためのお金を借金で賄う」ことも、今しかできない時間を買うという理由であれば、お勧めできないとはいえ、必ずしも悪いとも思いません。ただし、返済の計画がちゃんと立てられていることが絶対条件です。逆に、「収入が増える当てがないのに、不足する生活費をキャッシングで賄う」ことは悪い借金といえそうです。

私自身、独立した後の収入の不安定な時期に、こうした借金に悩まされたので、決して他人事とは思えません。**どれだけ知識があったとしても、いちど「悪い借金」に足を踏み入れると自力での脱出は難しくなることを肝に銘じておきましょう。**

ちなみに、先ほどの住宅ローンでは金利を２％で計算しました。一方、カードローンやキャッシングなどのように無担保ローンといわれる借り入れは、金利負担が極端に大きくなります。仮に30万円のカードローンを利用し、１年間で返す場合、金利が15％だと毎月返済は２万７０７７円です。この場合、負担する利息の総額は32万４９２４円ですが、カードローンではこうした返済方法ではなく「リボルビング払い」という返済方式が一般的です。これは「どれだけ借りても毎月の返済は一定額」というもので、借り入れ額やカードの利用代金が多くても返済負担がキツくならない一方、支払う利息の総額が膨れる返済方法なのです。

先ほどの30万円のカードローンを「毎月返済1万円のリボルビング払い」で返済したとしましょう。金利15%のケースだと、支払いは30回となり、総返済額は約35万円です。利息も含めて1万円の返済だと、返済期間は38回となり、総返済額は約38万円にまで膨らみます。当然ですが返済期間中のキャッシュフローは悪化するので、返済が終わるまではなかなか貯蓄にまで手が回りません。借入額30万円でこの金額ですから、借入額が50万円、１００万円となった場合のことを考えると……。ああ、恐ろしい。

返済が思いどおりにいかず、借金地獄で首が回らなくなるケースでも、最初の一歩はちょっとした借り入れから始まるケースがほとんどです。住宅ローンや教育ローンなど目的が明確で、返済計画を考えた借り入れであればいいのですが、そうでない借金にはできる限り近づかないようにしてください。

ここまで、日々の家計管理から、保険や共済などの保障に掛けるお金、教育資金、資産運用、そして借金についての考え方を見てきました。

どれだけ知識を得ても、実践しなければ意味がありません。一般論とはいえ、私が関わってきた多くのご相談を元にした「本当に気をつけたいこと」を中心にお伝えしましたので、1つでも2つでも、取り入れられるものがあれば実践してみてください。

第5章 事例から学ぼう——今から考えられる対策

1 40代家計の平均的な姿

†１００人いれば１００とおり

家計の状況が全く同じという家庭はありません。

収入や毎月の食費、貯蓄額等がたまたま同じことはあるかもしれませんが、経緯や家族構成、生活に対する考え方など、１００人いれば１００とおりの家計があります。

ただ、そうはいっても「他の人がどうしているのか」を気にされる方は多く、「一般的

収入区分	実数	割合	金融資産ゼロ世帯の割合	平均保有額	中央値
収入なし	3	0.46%	33.3%	200 万円	200 万円
300 万円未満	70	10.67%	38.6%	248 万円	50 万円
300〜500 万円未満	226	34.45%	32.3%	403 万円	200 万円
500〜750 万円未満	239	36.43%	26.4%	685 万円	450 万円
750〜1,000 万円未満	70	10.67%	25.7%	972 万円	800 万円
1,000〜1,200 万円未満	26	3.96%	3.8%	2,262 万円	2,100 万円
1,200 万円以上	22	3.35%	18.2%	1,230 万円	904 万円
平均貯蓄額				857 万円	672 万円

出所）金融広報中央委員会「家計の金融行動に関する世論調査（2014 年）」より筆者が作成

図表 5－1　世帯主が 40 代の世帯の収入区分別金融資産保有額

にはどうなんですか？」とか「普通と比べてどうですか？」という質問をよく受けます。

この章では、日本の同世代の家計に関する統計を確認して一般的な数字を把握し、40代がどんな問題に遭遇するのかについて、事例をもってご紹介します。

同世代の家計の数字をチェックする

国民生活基礎調査（2013年度）によると、世帯主が40〜49歳の「年齢階級別一世帯当たり平均所得」は648万9000円で、全年齢平均の537万2000円より100万円ほど多くなっています。そして、平均貯蓄は707万6000円、平均借入額は871万円です。直近の1年間で貯蓄が増えた人が14・9％なのに対し、減ったと答えた人が38・5％（変化なしは37・2％）。減

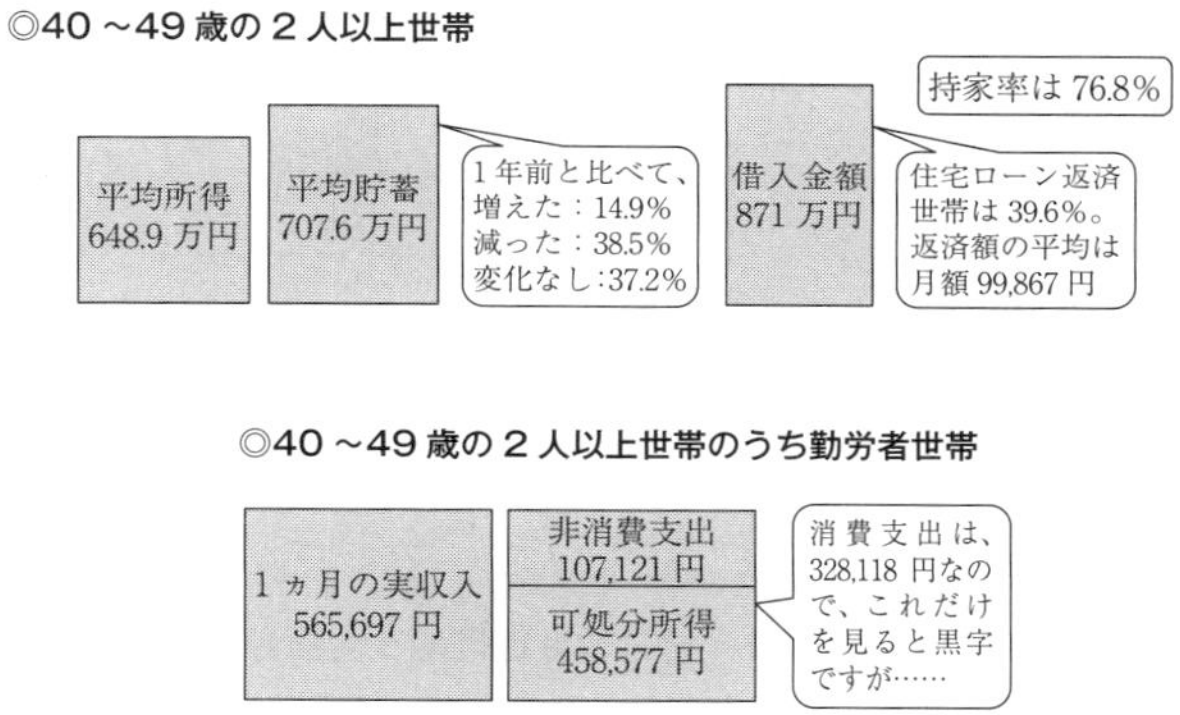

出所）総務省家計調査（2014年）の数値をもとに筆者が作成

図表5－2　40～49歳の二人以上世帯

った原因の1位は「日常生活費への支出（69・6％）」ですから、**日々の支出がその時の収入だけでは間に合わず、貯蓄を取り崩している様子がうかがえます。**

40代にはさまざまな状況の人がいます。独身で親と同居されている人、ひとり暮らしの人、夫婦2人だけで生活されている人、夫婦と子どもという世帯構成の人、シングルマザーやシングルファーザーの人など、境涯は千差万別です。子どものいる世帯を考えると、教育費負担が大きくなる時期でもあるので、40代の家計で支出が多いことは全く不思議ではありません。

ちなみに、40～49歳で、世帯人数が2人以上の勤労者世帯では、39・6％が住宅ローン返済世帯ですから、こうした負担も重なって

◎35〜59歳の単身世帯のうち勤労者世帯

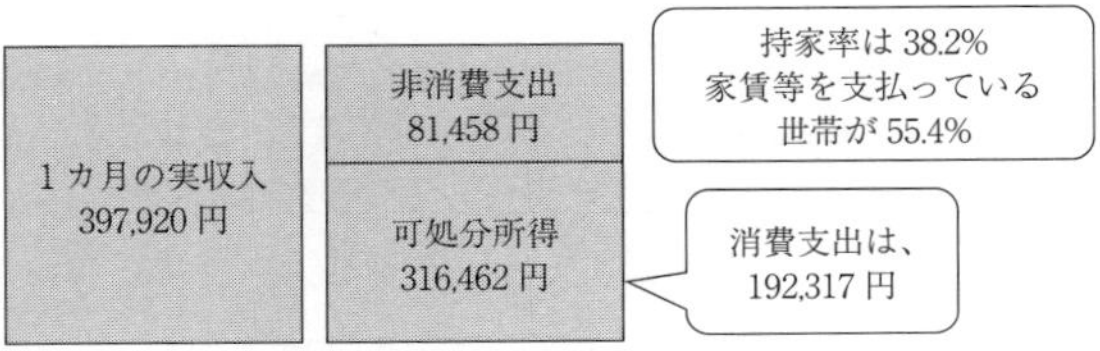

注）1カ月の実収入から非消費支出を引いたものを可処分所得とした。
出所）総務省家計調査（2013年）の数値をもとに筆者が作成

図表5-3　35〜59歳の単身世帯のうち勤労者世帯

くる時期です。

「実収入」や「非消費支出」の説明や、家計の支出の内訳などは第1章を確認していただくとして、実際の収入から「非消費支出」を差し引いたものが「可処分所得」となり、自分が自由に使えるお金になります。40〜49歳の2人以上世帯のうち勤労者世帯の数値を見ると、可処分所得45万8577円に対して、消費支出が32万8118円となっていて、毎月13万円ほどの黒字という統計が出ています。しかし、この消費支出にはローンの返済などが含まれておらず、実状を正確に反映しているとはいえない点にご注意ください。単身世帯の家計状況についても、平均的な数値をあげておきましょう（図表5-3）。こちらは「35〜59歳」という年齢区分の統計になりますが、世帯主の平均年齢が47・8歳なので、ほぼ「40代の状況」と考えても差し支えないでしょう。

では、平均的な統計数字を確認いただいた上で、私が過去にご相談を受けた人のなかから、この世代のいくつかの事例をご紹介いたします。

2　40代夫婦＋子あり

さまざまな世帯構成があるなかで、お金まわりの問題に最も関心が高いのは子どもがいる世帯です。私が相談をお受けするのも、この世帯が圧倒的に多いです。**先の家計調査にも示されているとおり、40代は子どもの教育費と住宅ローンなどの支払いが重なる時期であるため、貯蓄を取り崩すケースが多くなり、それだけ不安も大きくなるようです。**

貯蓄は、将来使うために行っているものなので、貯蓄の取り崩し自体は問題ではありません。ただし、これから先のキャッシュフローや貯蓄残高の推移を確認しなければ、不安が募るでしょう。

鈴木さんも、典型的なご相談でした。

ご家族の概要（年齢は2014年末現在）

・夫（1971年9月1日生・43歳）：会社員、年収680万円
・妻（1971年5月14日生・43歳）：パート勤務、年収約80万円
・長女（2006年4月6日生・8歳）
・二女（2010年10月10日生・4歳）
　⇒子どもは2人とも高校まで公立、大学は私立文系で計算
・2014年末の金融資産残高は150万円。運用利率は考慮せずに計算
・保険料は世帯全体の合計額。更新後の保険料アップは考慮せず
・60歳時に退職一時金を受け取った後、継続雇用制度の活用で65歳まで勤務予定

年間200万円の貯金をしていても老後に貯蓄が底をつく?

鈴木さんは、本書の冒頭で紹介した人です。状況を確認してみると、「3年前に自宅を購入した際に預貯金の大半を使った。金融資産があまり多くない」といいながらも、現状では年間200万円近くの貯金ができているので、将来に対するお金の心配はほとんどなかったとのことです。

そこで、住宅ローン控除や児童手当等の給付金も考慮した数字を確認しながらキャッシ

■収入	月額	賞与（1回分）
額面収入	¥420,000	¥880,000
手取り収入	¥320,000	¥732,000
妻パート収入	¥67,000	－
手取り収入合計		¥6,108,000
■支出	毎月の支出	年間支出
食費	¥72,000	¥1,400,000
光熱費	¥20,000	
通信費	¥15,000	
保険料	¥29,479	¥353,748
教育費	－	¥540,000
住居費（ローン以外）	¥18,000	¥316,000
住宅ローン返済	¥89,678	¥1,076,244
車関連費	¥32,500	¥400,000
その他雑費	¥25,000	¥600,000
支出合計	¥301,657	¥4,685,992

注）賞与は年2回。年間支出にはボーナス時の支出も含まれるので「月額×12」にならない項目がある。児童手当や住宅ローン控除による税金の還付は含めていない。

図表5－4　家計の状況

ュフロー表を作成してみると、図表5－5のとおりとなりました。最初のうちは本人もあまり興味がなかったようで、大雑把な数字で話をされていたのですが、このキャッシュフロー表を見て目つきが変わりました。

「あれ？　これだと老後に貯金がなくなるってことですか？」

「はい。このままの数字だとそうなりますね……」

「ちょ、ちょっと待ってくださいよ。どういうことですか⁇」

その後毎月の収支やボーナス時のお金の使い道など、一つひとつの数字を確認しながら微調整をしましたが、結果はあまり変わりません。実は、こういうケースは結構多いのです。

「不安」に気づかないことの怖さ

現在の毎月の収支からすると、決してゆとりはなくとも、旅行などの大きな出費がなければボーナスのほとんどを貯蓄に回せるため、現状に何も不安がなく、2人の子どもの教育費についても心配していなかったそうです。でも、家計相談の結果、**実際の10年後、20年後の数字を見てみると、ゆとりがないどころか、退職金が予想どおりもらえなければ、かなり厳しい状況になる可能性に気づきました。**

今回のケースで老後に貯蓄が底をついてしまうのは、「結婚までにあまり貯金していなかった」「40歳時の住宅購入で貯蓄が一気に減った」、そして「今の家計に不安がないから、お金の流れをあまり意識していなかった」ことが主な要因です。

こうなると、そもそもの相談のきっかけであった確定拠出年金の運用商品選びも真剣になります。この際最低限チェックするポイントは2つあります。ひとつは、積極的に収益を狙うのか、できる限りリスクの少ない運用を心がけるのかなど、「自分自身の運用方針」にあった商品選択になっているかという点。もうひとつは、同じ投資対象の商品のなかで、コストの安いものを選択しているかという点です。

鈴木さんの場合、もともとのプランで、投資説明会の時にすすめられたひとつの商品だけを購入する「集中投資」になっていた点を見直されました。また、同じような名称で過去の値動きもかなり似ているけれど、信託報酬という「保有コスト」が6倍ほど違う（0・26%と1・60%）商品があることもわかり、ずいぶんと驚いていました。

この保有コストである「信託報酬」とは、残高に対してかかってくる手数料です。積立当初の残高が少ないうちはあまり気にならないかもしれませんが、残高が１００万円になると、今回のケースの単純計算で年間２６００円と１万６０００円、１０００万円にまで増えてくると、年間２万６０００円と16万円の違いですから、その差は大きく影響することがわかるでしょう。

なお、大前提として、資産運用の具体的なアドバイスには、「投資助言・代理業としての登録」が必要であることを知っておいてください。お金まわりの話に対する具体的なアドバイスには、投資以外でもこうした登録や資格を必要とすることがあるので、適切な人からアドバイスを受けるように注意しましょう。

つまり、ファイナンシャル・プランナーというだけでは、投資に関する具体的なアドバイスや保険商品の具体的な提案ができないわけです。だから、私も「この商品がいい」というアドバイスをすることなく、「考え方の基本」をお伝えし、自分自身で判断できるようになってもらうのです

退職一時金

（単位：万円）

	14年	15年	16年	17年	18年	19年	20年	21年	22年	23年	24年	25年	26年	27年	28年	29年	30年	31年
	2028年	2029年	2030年	2031年	2032年	2033年	2034年	2035年	2036年	2037年	2038年	2039年	2040年	2041年	2042年	2043年	2044年	2045年
	57歳	58歳	59歳	60歳	61歳	62歳	63歳	64歳	65歳	66歳	67歳	68歳	69歳	70歳	71歳	72歳	73歳	74歳
	57歳	58歳	59歳	60歳	61歳	62歳	63歳	64歳	65歳	66歳	67歳	68歳	69歳	70歳	71歳	72歳	73歳	74歳
	22歳	23歳	24歳	25歳	26歳	27歳	28歳	29歳	30歳	31歳	32歳	33歳	34歳	35歳	36歳	37歳	38歳	39歳
	18歳	19歳	20歳	21歳	22歳	23歳	24歳	25歳	26歳	27歳	28歳	29歳	30歳	31歳	32歳	33歳	34歳	35歳
	597	597	597	597	280	280	280	280	280	200	200	200	200	200	200	200	200	200
										60	60	60	60	60	60	60	60	60
				1500														
	597	597	597	2097	280	280	280	280	280	260	260	260	260	260	260	260	260	260
	197	199	201	203	180	180	180	180	180	180	180	180	180	180	180	180	180	180
	140	140	140	140	140	140	140	140	140	140	140	140	140	140				
	172	150	120	120	120	0	0	0	0	0	0	0	0	0	0	0	0	0
	35	35	35	35	35	35	35	35	35									
	40	40	40	40	40	300	40	40	40	40	40	40	40	40	40	40	40	40
	60	60	60	60	60	60	60	60	60	60	60	60	60	60	60	60	60	60
	644	624	596	598	575	715	455	455	455	420	420	420	420	420	280	280	280	280
	−47	−27	1	1499	−295	−435	−175	−175	−175	−160	−160	−160	−160	−160	−20	−20	−20	−20
	577	550	551	2050	1755	1320	1145	970	795	635	475	315	155	−5	−25	−45	−65	−85

年間収支の赤字が続く

パートの期間を延ばす

（単位：万円）

	14年	15年	16年	17年	18年	19年	20年	21年	22年	23年	24年	25年	26年	27年	28年	29年	30年	31年
	2028年	2029年	2030年	2031年	2032年	2033年	2034年	2035年	2036年	2037年	2038年	2039年	2040年	2041年	2042年	2043年	2044年	2045年
	57歳	58歳	59歳	60歳	61歳	62歳	63歳	64歳	65歳	66歳	67歳	68歳	69歳	70歳	71歳	72歳	73歳	74歳
	57歳	58歳	59歳	60歳	61歳	62歳	63歳	64歳	65歳	66歳	67歳	68歳	69歳	70歳	71歳	72歳	73歳	74歳
	22歳	23歳	24歳	25歳	26歳	27歳	28歳	29歳	30歳	31歳	32歳	33歳	34歳	35歳	36歳	37歳	38歳	39歳
	18歳	19歳	20歳	21歳	22歳	23歳	24歳	25歳	26歳	27歳	28歳	29歳	30歳	31歳	32歳	33歳	34歳	35歳
	597	597	597	597	280	280	280	280	280	200	200	200	200	200	200	200	200	200
										60	60	60	60	60	60	60	60	60
				1500														
	597	597	597	2097	280	280	280	280	280	260	260	260	260	260	260	260	260	260
	175	177	179	180	180	180	180	180	180	180	180	180	180	180	180	180	180	180
	140	140	140	140	140	140	140	140	140	140	140	140	140	140				
	172	150	120	120	120	0	0	0	0	0	0	0	0	0	0	0	0	0
	30	30	30	30	30	30	30	30	30									
	40	40	40	40	40	40	40	40	240	40	40	40	40	40	40	40	40	40
	50	50	50	50	50	50	50	50	50	50	50	50	50	50	50	50	50	50
	607	587	559	560	560	440	440	440	640	410	410	410	410	410	270	270	270	270
	−10	10	38	1537	−280	−160	−160	−160	−360	−150	−150	−150	−150	−150	−10	−10	−10	−10
	1642	1653	1691	3228	2948	2788	2628	2468	2108	1958	1808	1658	1508	1358	1348	1338	1328	1318

経過年数		0年	1年	2年	3年	4年	5年	6年	7年	8年	9年	10年	11年	12年	13年
西暦	上昇率	2014年	2015年	2016年	2017年	2018年	2019年	2020年	2021年	2022年	2023年	2024年	2025年	2026年	2027年
鈴木　洋		43歳	44歳	45歳	46歳	47歳	48歳	49歳	50歳	51歳	52歳	53歳	54歳	55歳	56歳
登代子		43歳	44歳	45歳	46歳	47歳	48歳	49歳	50歳	51歳	52歳	53歳	54歳	55歳	56歳
淑		8歳	9歳	10歳	11歳	12歳	13歳	14歳	15歳	16歳	17歳	18歳	19歳	20歳	21歳
朋子		4歳	5歳	6歳	7歳	8歳	9歳	10歳	11歳	12歳	13歳	14歳	15歳	16歳	17歳
収入(夫手取り)	1.00%	530	535	541	546	552	557	563	568	574	580	585	591	597	597
収入(妻手取り)		80	80	80	80	80	80	80	80						
児童手当		24	24	24	24	24	24	24	24	12	12	12	12		
一時的な収入		21	21	20	20	19	18	18	17						
収入合計		655	660	665	670	675	679	684	689	586	592	597	603	597	597
基本生活費	1.00%	140	141	143	180	182	180	182	184	185	187	189	191	193	195
住　居　費	–	140	140	140	140	140	140	140	140	140	140	140	140	140	140
教　育　費	–	54	54	54	62	62	79	79	79	83	100	100	198	172	172
保　険　料	–	35	35	35	35	35	35	35	35	35	35	35	35	35	35
車関連費	–	40	40	40	350	40	40	40	40	40	350	40	40	40	40
その他の支出	0.00%	60	60	60	60	60	60	60	60	60	60	60	60	60	60
支出合計		469	470	472	827	519	534	536	538	543	872	564	664	640	642
年間収支		186	190	193	**−157**	156	145	149	152	42	**−281**	33	**−61**	**−43**	**−45**
貯蓄残高	0.00%	150	340	533	375	531	677	825	977	1019	739	772	711	668	623

現状では200万円近くの貯蓄が可能

図表5-5　現状のキャッシュフロー表

月5000円削減　　年間10万円削減　　パート収入を増やす

経過年数		0年	1年	2年	3年	4年	5年	6年	7年	8年	9年	10年	11年	12年	13年
西暦	上昇率	2014年	2015年	2016年	2017年	2018年	2019年	2020年	2021年	2022年	2023年	2024年	2025年	2026年	2027年
鈴木　洋		43歳	44歳	45歳	46歳	47歳	48歳	49歳	50歳	51歳	52歳	53歳	54歳	55歳	56歳
登代子		43歳	44歳	45歳	46歳	47歳	48歳	49歳	50歳	51歳	52歳	53歳	54歳	55歳	56歳
淑		8歳	9歳	10歳	11歳	12歳	13歳	14歳	15歳	16歳	17歳	18歳	19歳	20歳	21歳
朋子		4歳	5歳	6歳	7歳	8歳	9歳	10歳	11歳	12歳	13歳	14歳	15歳	16歳	17歳
収入(夫手取り)	1.00%	530	535	541	546	552	557	563	568	574	580	585	591	597	597
収入(妻手取り)		100	100	100	100	100	100	100	100	60	60	60	60		
児童手当		24	24	24	24	24	24	24	24	12	12	12	12		
一時的な収入		21	21	20	20	19	18	18	17						
収入合計		675	680	685	690	695	699	704	709	646	652	657	663	597	597
基本生活費	1.00%	134	135	137	138	139	160	162	163	165	166	168	170	172	173
住　居　費	–	140	140	140	140	140	140	140	140	140	140	140	140	140	140
教　育　費	–	54	54	54	62	62	79	79	79	83	100	100	198	172	172
保　険　料	–	30	30	30	30	30	30	30	30	30	30	30	30	30	30
車関連費	–	40	40	40	290	40	40	40	40	40	40	40	40	40	240
その他の支出	0.00%	50	50	50	50	50	50	50	50	50	50	50	50	50	50
支出合計		448	449	451	710	461	499	501	502	508	526	528	628	604	805
年間収支		227	231	234	**−20**	233	200	204	207	138	125	129	35	**−6**	**−208**
貯蓄残高	0.00%	150	381	615	595	828	1028	1232	1439	1577	1702	1831	1867	1861	1652

車購入の時期と金額を見直し

図表5-6　改善後のキャッシュフロー表

たったこれだけでキャッシュフローは改善する

子どもが大きくなるにつれて、必要な学費が増えることを全く知らない人はほとんどいませんが、「具体的にいくらかかるのか？」「その結果、金融資産がどう変化するのか？」を真剣に考える方は多くありません。

ただ、**「今は特に心配ないから、将来のことを考える必要はない」と考えている人でも、たとえ大雑把だとしてもいちどお金の流れを見ておくと、意識が変わるきっかけになります。**

今回のケースでは、「ずいぶん先とはいえ、このまま考えている生活を続けていくと金融資産が底をつくかも……」という心配が目に見えるようになったので、「どうすればいいのか」という改善方法に意識が向くようになりました。

そこで、少し数字を変えてみたキャッシュフロー表を作成してみます。改善後のキャッシュフロー表（図表5－6）をご覧ください。

どこが変わったか、お分かり頂けるでしょうか？

まず、収入の面では、「パートに入る時間を調整すれば、月2万円程度の収入増は可能です」ということでしたので、妻のパート収入を80万円から１００万円にし、働く期間を

4年延ばしています（51歳以降は年間60万円）。

支出面では、毎月の生活費で月５０００円の削減を実施。5年目以降、子どもの成長とともに生活費のベースを上げているタイミングでも、その上げ幅を少しセーブするようにしました。あとは車の購入ペースと予算を変え、その他支出を年間10万円削っています。そう、**たったこれだけのことでも60歳時の金融資産残高には１０００万円以上の差が出てくるのです。**

本書では、家計のやりくりについて細かくは触れませんが、月５０００円の生活費や年間10万円の予備費の削減は、決して無茶な要求ではないでしょう。むしろ、**今まであまり意識せずに使っていたお金（使途不明金）をなくす良いきっかけになる**かもしれません。

また、今回のキャッシュフロー表では金融資産に対する運用利率を全く考慮していませんが、実際にはここに利息や投資の運用収益がつく可能性もありますし、確定拠出年金制度からの退職金が、増える可能性もあります（もちろん、逆に「減る」可能性もあります）。

こうしたキャッシュフローの改善には、数字遊び的な要素も若干ありますが、「**ちょっとした心がけで将来が大きく変わる**」点はご理解いただけたのではないでしょうか？　お金に関する細かい情報を他人に伝えることに抵抗があるのならば、是非この機会に自分自身で確認されることをお勧めします。

3　40代単身者のケース

†おひとり様の不安要素

50歳時の未婚率を生涯未婚率といいます。「国立社会保障・人口問題研究所」の統計によると、2010年の生涯未婚率は男性が20・14％、女性は10・61％で、とくに男性の伸び率が高い（＝未婚の人が増えた）という結果がでています。

自分がどのような暮らしをするのかは個人の選択の問題で、他人が口をはさむ余地はありません。しかし一方で、ひとり暮らしの場合、病気やケガで働けなくなった場合や、介護を要する状態になった場合など、いざというときに支えてくれる同居家族がいない可能性は、リスク要因として意識しておく必要があります。

単身者のケースは、実家暮らしなのかひとり暮らしなのか、親が健在なのか、介護を要する状態なのか、すでに他界されているのかなど、状況によって考えておくべきことはかなり違いますが、1つの典型的な例をご紹介します。

†あなたは病気にかかりませんか？

ご家族の概要（年齢は２０１４年末現在）

・本人（１９６７年7月1日生・47歳）：会社員、手取り年収４８０万円
・実家を出てひとり暮らし。両親は健在
・現在の金融資産は８５０万円。今後の運用利率は考慮せずに計算

相談者の橋本さんが来られたきっかけは、父親の入院でした。

今まで両親の生活など気にもしていなかったようですが、父親の入院をきっかけに母親と話をする機会が増えるとともに、退院後の父親に介護が必要となる可能性を聞いて、自分になにができるのかを意識するようになりました。そして同時に、自分自身の老後についても急に心配になられたようです。

そこでまずお話ししたのは、ご家族に要介護者が出た場合の経済的な負担です。これは第6章で詳しく書きますが、日常生活のなかで何らかのサポートが必要なご家族がいる場合、そのサポートを身内だけで行うのか、外部のサービスを利用するのかを選択することになります。

貯蓄残高は充分にあるのだが……

（単位：万円）

14年	15年	16年	17年	18年	19年	20年	21年	22年	23年	24年	25年	26年	27年	28年	29年	30年	31年
2028年	2029年	2030年	2031年	2032年	2033年	2034年	2035年	2036年	2037年	2038年	2039年	2040年	2041年	2042年	2043年	2044年	2045年
61歳	62歳	63歳	64歳	65歳	66歳	67歳	68歳	69歳	70歳	71歳	72歳	73歳	74歳	75歳	76歳	77歳	78歳
280	280	280	280	240	240	240	240	240	240	240	240	240	240	240	240	240	240
280	280	280	280	240	240	240	240	240	240	240	240	240	240	240	240	240	240
120	120	120	120	120	120	120	120	120	120	120	120	120	120	120	120	120	120
15	15	15	15	15	15	15	15	15	15	15	15	15	15	15	15	15	15
0	0	0	0	0	0	0	0	0	0	0	0	0	0	0	0	0	0
36	36	36	36	36													
560	60	60	60	60	60	60	60	60	60	60	60	60	60	60	60	60	60
731	231	231	231	231	195	195	195	195	195	195	195	195	195	195	195	195	195
−451	49	49	49	9	45	45	45	45	45	45	45	45	45	45	45	45	45
4413	4462	4511	4560	4569	4614	4659	4704	4749	4794	4839	4884	4929	4974	5019	5064	5109	5154

もちろん、外部のサービスを利用するには経済的な負担が生じます。公的な介護保険制度の説明をすると、「聞いたことはあったけど、正直全然興味がなかったし、内容も知らなかった」とおっしゃっていました。

そして「民間の保険で備えることはできるのですか？」と質問されましたが、保険というのは健康な時に準備していた方が、要介護状態になった場合等に利用できるものですから、すでに要介護状態となった方に使うことはできません。入院をした後に医療保険に加入できないのと同じです（引受条件緩和型医療保険や無選択型医療保険のように、状態によって加入できる商品もある）。

「健康だと思っていた父でさえ、突然こういう事態になる。自分も健康なうちに備えておく方がいいのではないか」と話されましたが、本当にその

退職金の見込み額

経過年数		0年	1年	2年	3年	4年	5年	6年	7年	8年	9年	10年	11年	12年	13年
西暦	上昇率	2014年	2015年	2016年	2017年	2018年	2019年	2020年	2021年	2022年	2023年	2024年	2025年	2026年	2027年
橋本正明		47歳	48歳	49歳	50歳	51歳	52歳	53歳	54歳	55歳	56歳	57歳	58歳	59歳	60歳
収入(本人手取り)	1.00%	480	485	490	495	499	504	510	515	520	525	530	536	541	597
一時的な収入															1500
収入合計		480	485	490	495	499	504	510	515	520	525	530	536	541	2097
基本生活費	1.00%	108	109	110	111	112	114	115	116	117	118	119	120	120	120
住居費	−	114	114	114	114	114	114	114	114	114	114	114	114	114	114
教育費	−	0	0	0	0	0	0	0	0	0	0	0	0	0	0
保険料	−	36	36	36	36	36	36	36	36	36	36	36	36	36	36
車関連費	−	0													
その他の支出	0.00%	60	60	60	60	60	60	60	60	60	60	60	60	60	60
支出合計		318	319	320	321	322	324	325	326	327	328	329	330	330	330
年間収支		162	166	169	173	177	181	185	189	193	197	201	205	211	1767
貯蓄残高	0.00%	850	1016	1185	1358	1536	1717	1901	2090	2283	2480	2681	2886	3097	4864

図表5－7　独身者のキャッシュフロー表

とおりだと思います。また、「今回のケースでは健康な母親が同居していて、子どもである自分も何かがあればすぐに助けに行けるけど、独身の自分が将来父親と同じ状況になった時、果たして誰を頼りにすればいいのか……」を想像し、急に怖くなったそうです。

今後もずっと独身かどうかはわかりませんが、ひとり身のまま老後を迎えた場合、いざという時**のための経済的な準備と同時に、その時誰を頼るのかについても考えておくことが大切なのです。**

誰しも今の生活に何も問題がないときは、未来にまで意識が向かないものです。橋本さんも、健康に問題はなく、経済的な不安もありませんでした。また、このままいくと金融資産も順調に増えるため、将来における経済的な不安もなかったようです。実際、キャッシュフロー表を作成しても経済面での不安は感じられません。だから知人から相続や介護の問題で大変だったという話を聞いても、どこか他人事でした。

一方で40代は、体力の低下といった身体の衰えを自覚する年齢ですし、高齢世代となった親の身にいつ何が起こるかはわからない状況です。

だからこそ経済的な準備だけでなく、ご自身の10年後、20年後の状況を想像した上で、今からできることを意識し、実行することは重要です。ましてや、現在の収入が不安定で、経済的な準備が十分にできない可能性のある方は、いっそう真剣に考える必要があります。未来は、現在の延長線上にありますが、**今と同じように過ごせる保証はどこにもない**のですから。

4　40代夫婦＋子なし

†あなたの財産は誰に引き継がれますか？

２０１４年７月15日に厚生労働省が公表した「国民生活基礎調査」によると、現在の日本の世帯数5011万2000世帯のうち、「夫婦のみの世帯」は1164万4000世帯で、全体の23・2%を占めます。ちなみに「夫婦+未婚の子どもの世帯」は1489万9000世帯（全体の29・7%）、「単独世帯」は1328万5000世帯（26・5%）となっています。

ご夫婦のみの世帯から受けた相談のなかには、単身世帯と同じ悩みをお持ちのケースが多くありました。つまり、現在の生活に対する経済的な心配はないが、将来を考えた時に、お互いの親の介護問題や、自分自身に介護が必要となった際にどうするのかという問題です。ご夫婦で支えあえる点で、単身世帯より安心感があるようにも思いますが、「配偶者に迷惑を掛けたくない」と考える人は思いのほか多くいるようです。

そして、配偶者の兄弟姉妹とのつき合いに不安を持つ人も多いようです。これは、日ごろから意識されているわけではなく、将来の不安要素を話しているなかで、相続が発生した時に財産がどうなるかを確認された際によくでてきます。子どもがいない場合、両親や祖父母といった直系尊属がすでに亡くなっていると「配偶者と兄弟姉妹」が相続人になります。つまり、何も対策を考えておかなければ兄弟姉妹や甥っ子・姪っ子に自分たち夫婦の財産が引き継がれることを知り、このままでいいのかを懸念されるのです。

詳しくは第7章で触れますが、子どもがいない夫婦の場合、先に死亡した人の財産は、配偶者だけではなく、亡くなった配偶者の両親や兄弟姉妹にも引き継ぐ権利があります。特に**自宅不動産のように分けることが難しい財産があると、その配分をめぐって争いとなるケースが少なくないのです。**結婚された当時は別として、ご自身が60歳や70歳になった時に、配偶者の兄弟姉妹との親戚づきあいが良好に継続しているかどうかはわかりません。相続が発生した際、普段疎遠になっている人と財産の配分を協議することは、たとえ深刻なトラブルがなくとも、大きなストレスになるかもしれません。

優しかった兄弟姉妹が怖い存在に変わるとき

ここでは、少し上の世代の方で、ご主人をなくされた岩松さんのケースをご紹介しましょう。

【家族の概要】

・夫（1952年1月6日生）：公務員を退職、年金額240万円
・妻（1951年11月16日生）：専業主婦
・一戸建て住宅を所有：ローンは完済
・現在の金融資産は2300万円。運用利率は考慮せずに計算

相談者は岩松さんの奥さま。ご主人を亡くされたあとの相続手続きについて相談に来られました。仕事中心の生活だったご主人は、60歳の定年を機に退職され、ご自身の趣味やご夫婦の時間を大切にしていこうと定年後の生活を始められた矢先にがんが見つかり、その半年後に逝去されました。

今まで、生活に関する多くのことを夫に任せてきた岩松さんは、突然のことで何をどうしたらいいのかわかりません。妹の由利子さんの助けを借りながらお通夜や葬式を済まされた後、夫名義の財産を引き継ぐ手続きを進めていくなかで問題が発生したのです。

きっかけは銀行の預金口座の名義変更手続きでした。

銀行の窓口で夫が亡くなったことを伝え、手続きに必要な資料を受け取る際、「相続人様全員の署名と実印による押印が必要です」と伝えられました。子どもがいない岩松さんは、相続人が夫の兄弟姉妹も含まれることを知り、離れた場所に住む兄弟姉妹に書類を送ったところ、長兄から「ちゃんとした説明を聞いてからでないとハンコは押せない。いちどこちらに来て説明してほしい」という連絡がきたのです。

お葬式の時には「困ったことがあれば協力するから、何でも言ってね」と言われていたので、当然のように何も言わずにハンコを押してもらえると思っていた奥さまは困惑されたのですが、こういったケースは少なくありません。

夫には5人の兄弟姉妹がいましたが、そのうちの一人はすでに亡くなっていたため、その方の3人のお子さんが相続人となります。つまり、**4人の兄弟姉妹と、3人の甥・姪の計7人からの署名等が必要なのです。**結婚後しばらくは、年末年始ごとに顔を合わせていましたが、夫の両親が亡くなったあとは実家に戻る機会も少なく、ご主人のお葬式で顔を合わせたのは実に10年ぶり。その後の電話でも、奥さまを責めるような口ぶりだったので、会いに行くことはもちろん「これ以上話すことが怖くなった」という状態でした。

私たちFPは弁護士さんと違い、代理人として相手方と交渉することはできませんが、使者となって話をお伝えしたり、先方の要望を聞くことはできます。そこで、まずは相続の手続きについて相談を受けていることをお伝えし、これからの段取りや、奥さまの要望などを伝えました。すると、長兄から電話があり、ちゃんとした事情を説明してほしいから直接こちらに来てほしい旨のご要望がありました。奥さまにお伝えすると、一緒に行くのは怖いというので、事前にその旨も連絡した上で私が行ってきました。

電話の様子では、かなり怒っている印象でしたが、実際にお会いすると穏やかに迎えてくださり、直接話ができなかったのが寂しかったのだと胸の内を語ってくれ、無事に手続きを済ませることができました。

†コミュニケーションと遺言書

この経験から学んだ教訓が2つあります。

ひとつは、やはり**日ごろからのコミュニケーションが大事**ということ。この方も年賀状のやり取りは続けていたようですが、それ以外では、会うことはもちろん、夫自身も自分の兄弟姉妹と電話ですら話さない、疎遠な状態だったことが原因のひとつでした。

もうひとつは、**子どもがいない夫婦は、お互いに遺言書を用意しておく方がよい**ということです。

今回のケースでは、最終的な遺産分割で、いくらかの金銭をお渡しすることで話がまとまったのですが、仮に夫が「財産はすべて妻に相続させる」という遺言書を書いていたら、すべての財産は奥さんが引き継げました。それが公正証書遺言（公証役場において、公証人に作成してもらう遺言書のこと。詳細は206頁を参照）であれば、その遺言を使って手続きを進めることができました。また、自宅不動産がすべて夫名義になっていたことも影響しています。

たとえば、自宅の土地と建物を合わせて3000万円の評価があり、そのすべてが夫名義だったとしましょう。そのほかにお互いの名義で2000万円ずつの金融資産があったとすると、夫死亡時には５０００万円が遺産分割の基準となり、妻死亡時には２０００万円だけが遺産分割の基準となります。配偶者が財産を取得する場合は、法定相続分までか１億６０００万円のいずれか大きい金額までは相続税がかかりません（相続税法第19条の２）ので、このケースではどちらが亡くなった際も相続税の心配はありません。

ただし遺産分割は必要なので、夫が亡くなり、法定相続人が配偶者と兄弟姉妹の場合、法律上は５０００万円の４分の１、つまり１２５０万円は兄弟姉妹に相続する権利があります。自分が住み続ける自宅を売却するわけにはいきませんから、話し合いがまとまらず財産の４分の１を渡す必要があれば、夫の金融資産の半分以上が兄弟姉妹に移ることになるのです。いずれにしても遺言書があればこうした事態は防げたのです。

なお、戸籍上の婚姻期間が20年以上の夫婦間では、２０００万円までの居住用不動産（または不動産を取得するための金銭）に対する贈与税の非課税制度（相続税法第21条の６）があるので、生前に活用されるのもひとつの方法です。

†知っておきたい遺留分

遺言書を準備する際に気をつけておきたいことがあります。本来、法律上財産を受け取れる立場にある法定相続人が、遺言書によって「自分がもらえるべき財産が侵害された」

場合には、「ちょっと待った」をかける権利をもっているのです。これを遺留分《いりゅうぶん》といいます。

この制度によって、たとえば亡くなった夫が「すべての財産を寄付する」と遺言書を書いていても、妻はそれに待ったをかけ、一部の財産（原則として法定相続分の2分の1。相続人が直系尊属だけの場合は法定相続分の3分の1となる）を取り戻すことが可能です。ただし、法定相続人のなかでも、兄弟姉妹はこの遺留分を持っていません。つまり、岩松さんのケースでは、遺言書のなかで「妻に全財産を相続させる」と書かれていれば、兄弟姉妹はそれに従うしかなかったのです。

なお、遺留分というのは「主張することで初めて認められる権利」なので、遺言書の内容が遺留分を侵害していても問題ありません。ただし、遺留分を侵害されたことを知った相続人（遺留分権利者）が、知った時から1年以内に家庭裁判所に申し立てをすれば、その分は渡す必要があるということです。

ご夫婦や兄弟姉妹との関係性にもよりますし、親族間にはそれ以外にもさまざまな背景があるので、一概にどうするのがいいとは言い切れませんが、こうした**トラブル事例を知っておくことで、今できる対策を講じることは有効**です。

†望まなくても訪れる問題

以上、いくつかの事例をご紹介してきました。

繰り返しになりますが、本章で強調したかったことは、「現在」だけでなく「将来」のお金の流れをキャッシュフロー表で確認しておくことの重要性です。そしてもうひとつは、介護や相続のように、自分たちの考えだけではどうしようもない問題や、望んでいなくてもいつかは必ず発生する問題があるので、それに備えておくことの重要性です。

目の前に発生した問題は、解決するまでの時間が短いために、対応の選択肢も限定されますが、将来に予測される問題への対応は、時間をかけて準備することが可能です。

すべての問題について予測することは難しいですが、現実化する可能性を把握し、その時にどうするのかをいちどでも考えておくことによって、「漠然とした不安」を和らげることができるのです。

第6章 介護にかかる費用

1 介護の実態

平均寿命より健康寿命を意識する

「健康寿命」という言葉を聞かれたことはありますか？

健康寿命とは、２０００年にＷＨＯ（世界保健機関）が公表した言葉で、「**日常的に介護を必要としないで、自立した生活ができる生存期間**」をいいます。ようするに元気に生活している期間です。厚生労働省の発表では、日本における２０１３年の健康寿命は、男性が71・19歳、女性が74・21歳となっています。一方、人間が平均的に何歳まで生きるのかという平均寿命は、男性が80・21歳で、女性が86・61歳ですが、「70歳を迎えた人が平均してその後に何年間生きるのか？」という平均余命をみると、「男性：15・28年、女性：19・59年」です。つまり、70歳を迎えた男性は85歳まで、女性は90歳まで生きるのが平均で、健康寿命との差はそれぞれ14年と15年になります。

この期間は「日常生活をおくるために、誰かの手助けが必要」となる可能性が高い、つまり介護を必要とする可能性が高い期間と考えられます。

ライフプランのなかにおける介護の問題は、かなりの確率で自分に関係する上、経済的な面においても、知っておくと事前に備えられることも多くあります。この章では家族のなかで介護との関わりが出た時に知っておきたい「事前の備え」についてお伝えします。

†介護にかかる費用

「介護っていくらぐらいかかるものですか？」

かなり漠然としていますが、介護の話題になるとよく聞かれる質問です。実際にかかる費用は介護状態によって大きく異なり、在宅で介護するのか施設に入所するのかによっても大きく違います。そこでまずは、家族が介護状態になった時に利用するサービスにはどのようなものがあるかを見ておきましょう。

在宅で介護する

　家族がすべてをサポートするのであれば、介護サービスに対する費用は一切かかりません。それでも、玄関やお風呂、トイレなどを車いすでも利用できるように改修することや、介護用ベッド等を購入する場合には、その費用がかかります。こうした介護器具はレンタルを利用することもできます。

　ちなみに、介護のために必要となる住宅の改修に対しては介護保険からの給付があり、20万円までの工事費用は1割の自己負担で賄えます。たとえば、手すりの取り付けなどのバリアフリー化工事で15万円がかかったとすると、その1割の1万５０００円を支払えば、残りの13万５０００円は介護保険から給付されるのです。ただし、そのためには事前申請が必要です。後述する「要介護認定」を受けたうえで、工事の前に手続きをしていなければ、あとから請求しても還付を受けることはできない点にご注意ください。

在宅を中心としながら介護サービスを利用する

　これには、居宅サービスと通所サービスがあります。

居宅サービスとは、自宅にヘルパーさんなどに来ていただくものです。また、通所サービスとは一般的に「デイサービス」と呼ばれているもので、たとえば週3回、1日6時間だけ施設に通うといったものです。施設への送迎は事業所側が行ってくれるのが一般的です。こうした居宅サービスや通所サービスを利用することで、日常的には家族が介護を行いながら、自宅では難しい入浴などについては専門家の手を借りることが可能になります。

施設に入居する

自宅を離れ、施設に入るケースです。介護保険施設（特別養護老人ホーム、老人保健施設、介護療養型医療施設）と呼ばれる3つの施設の他、高齢者を対象とした賃貸住宅（サービス付き高齢者向け住宅〔通称「サ高住」〕）などいくつかの種類があり、本人やご家族の状況に応じて選択します。経済的な負担が少なくて済む公的な施設では多くの入居待機者がいるため、希望した施設に入居できるとは限りませんが、施設への入居は単純に早いもの順ではないため、希望する施設がある場合には申し込んでおくとよいでしょう。たとえば、ある施設に50人の入居待機者がいるとします。その後、入居者の方が亡くなられるなどで空きができた場合、「リストの1番目に名前がある人」ではなく、「施設側として希望する入居者」が選ばれる場合があるからです。

施設は必ず事前に見学する

また、運営は民間の介護事業者が行っているため、サービスの内容や料金などは同じ種類の施設でも大きく違ってきます。なお、施設選びの際にホームページやパンフレットをチェックするのは当然ですが、できる限り現地に見学に行くようにしましょう。

事前に連絡さえすれば見学を受け入れてくれる施設は多くあります。現地に出向いて、ありのままの状態を確認したうえで、その施設が自分に（あるいは家族に）合っているかを確認するほか、職員の表情や態度、他の入居者の状態を直接確認しておくことも大切です。

また、「入所する親の事情より、訪問する親族の事情を優先する」ことも大切です。これは「実際に入居した後の日常」を考えると理由が見えてきます。

たとえば、現在の住まいが親と子で離れていたとします。住み慣れた土地から離れたくない、という親の希望を汲んで、現在の住まいに近い施設に入所すると、当然ながら子世帯とは離れた場所となります。そうすると、訪問するのはお盆やお正月など、まとまった休みが取れるときだけになり、それが理由で親子間の気持ちまで離れるかもしれません。また、緊急時にすぐ駆けつけられない問題もあります。

施設名		通称	施設の概要	入居要件
介護保険施設	特別養護老人ホーム	特養	公的な高齢者居住施設で、有料老人ホームより低料金で利用できるが、介護度が高く、経済的理由などで自宅での介護が困難な人が優先的に入居する施設なので、待機者も多い。	原則65歳以上で、要介護3以上（※）
	老人保健施設	老健	特養よりも医療ケアに重点を置いた施設。自宅と病院の中間的な役割を担う。帰宅を前提とするため、入所期間は3カ月～半年程度で、その後は有料老人ホームなどに転居するケースが多い。	原則65歳以上で、要介護1以上
	介護療養型医療施設	療養型	医療サービスに重点を置いた施設。特養や老健よりも寝たきりなどで介護度の高い方が利用している。	原則65歳以上で、要介護1以上
サービス付き高齢者向け住宅		サ高住	専門家による安否確認サービスや生活相談サービスが受けられる高齢者向けの住宅。居室の広さや設備、バリアフリー構造などにおいて、一定の基準を満たした賃貸住宅である。	施設ごとの規定による
有料老人ホーム		－	老人福祉法において、老人を入居させて食事の提供など、日常生活に必要なサポートを提供することを目的とした施設。分譲方式や賃貸方式などがある。	施設ごとの規定による

※）2015年の介護保険制度の改正により、従来の「要介護1以上」から厳格になった。なお、すでに入居している要介護1～2の人は継続して利用できる。

図表6－1　主な介護関連施設

もちろん、親の希望を確認することは大切ですが、介護の時期が数年にも及ぶ可能性を考えると、子世帯の生活圏内にある施設で、何かがあればすぐに立ち寄れる環境であることは重要なようです。

介護費用をいくら掛けるのかは自分が決める

介護にいくらのお金をかけるのかを決めるのは利用者側です。前述のように、家族が協力して自宅で介護をするのであれば、費用はかからない反面、家族の負担が大きくなり、仕事に影響が出るケースもあるでしょう。介護にかける費用より、仕事を辞めることで失う収入の方が大きければ、経済的にはマイナスとなります。

一方、介護サービスの利用や施設への入所

を選択すると、家族に対する負担が軽減される反面、経済的な負担が大きくなります。もちろん、介護する人の事情だけでなく、介護を受ける人の希望も考慮する必要がありますが、こうした状況を踏まえて、「いくらかけるつもりなのか」を考えることが大切です。

とはいえ、一般的な水準を知っておくに越したことはありません。以下の数値はあくまでも統計上のものですが、考える際の目安にはなるでしょう。

厚生労働省が発表している「介護給付費実態調査（２０１３年度）」によると、在宅の場合、介護度の低い「要支援認定者」が受ける「介護予防サービス」の場合で月額４万４０００円、要介護１以上の人が受ける「介護サービス」だと月額19万円が平均の負担額となっており、全体の平均は15万７２００円という数字が出ています。

この調査における負担額は、公的負担と利用者負担を合計したものですから、すべてを自分や家族で用意する必要はありません。現在の公的介護保険制度では、利用した費用の１割が自己負担になるので、このケースでは毎月１万５７２０円、年間では19万円ほどの費用が自己負担となります。

なお、２０１５年８月からは、一定以上の年収（年金収入が単身で２８０万円以上。夫と専業主婦の妻の世帯では年収３５９万円以上が目安）がある人の自己負担割合が２割に引き上げられる予定です。そうなると、年間の自己負担は40万円近くになります。

ちなみに、**施設に入所した場合、介護サービスにかかる費用は1割負担で済みますが、部屋代（家賃）や食事代などは全額自己負担です。**施設の種類やグレードによってこの金額も大きく違ってきますが、「有料老人ホーム」の料金表の一例をあげると、家賃：5万2500円　管理費：4万2000円　食費：5万2500円　合計14万7000円となっています。

食事代は、施設に入るか否かに関係なく必要なものです。それ以外の住居費関連でかかるお金はおおむね10万円前後と考えられますから、施設に入所しない方の自己負担が月額で1万5000～2万円であるのに対し、施設に入居すると、食事代負担も含め15万円程度がかかるため、その差は歴然です。

なお、こうした料金表に掲げられている「基本料金」以外にも、介護保険を利用した際の1割負担分や医療費、オムツ代など、さまざまな料金が加算されるため、最終的な1カ月の支払額が数万円程度高くなるケースもある点に注意しましょう。

いずれにしても、**施設への入所を選択するかどうかで大きく金額は違う**ので、「自分や家族を取り巻く生活環境からして、いくらかける必要があるのか？」を意識しておくことが大切です。

2　親の介護をする可能性

高齢化が進む日本では、「介護を受ける必要のある人（以下、要介護者）」が年々増加しており、厚生労働省の「介護保険事業状況報告」によると、2014年12月時点の公的介護保険における要介護・要支援認定者数は602・3万人（うち男性が185・5万人、女性が416・8万人）、全国で600万人を超えています。

家族のなかに要介護者がいる場合、どのような影響がでるのか、何をどう準備すればいいのかがわからない、という人も多いようです。また、実際に家族の介護をしている人に話を聞いても、「その人の経験」が自分に有効なのかがわかりません。その人の固有の問題である場合、経験談があまり役に立たないこともあります。

いずれにしても、**家族のなかに要介護者が出た際にまずやるべきなのは、公的介護保険を利用するための「要介護認定を受ける」こと**です。

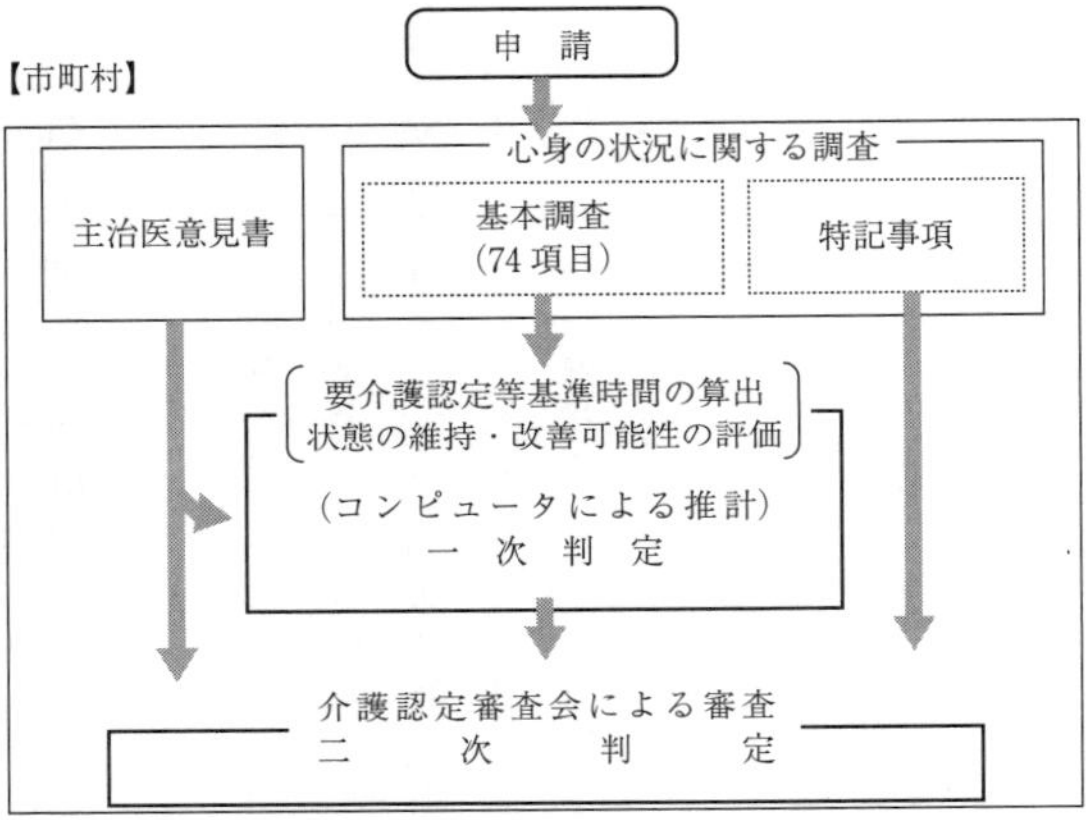

出所）厚生労働省

図表6－2　要介護認定の流れ図

公的介護保険の仕組み

介護保険の話をすると「自己負担が1割」という言葉が何度も出てきます。

病気やけがで病院に行った際、かかった治療費の3割だけを負担すれば、残りは健康保険でカバーされるのと同じように、介護保険においても、介護サービスにかかった費用について1割だけを自分が支払えば残りは介護保険でカバーされるようになっています。ただし、介護保険を利用するには、事前に市区町村に申請をして「要介護認定」や「要支援認定」を受ける必要があります。申請から認定を受けるまでの流れは、図表6－2のとおりです。

介護認定には、要支援1と2、要介護1

区分		身体の状態の目安	1カ月あたりの支給限度基準額
非該当		—	
要支援	1	日常生活はほぼ自分でできるが、入浴などに一部介助が必要な状態	5,003 単位
	2	立ち上がりや歩行が不安定なので、生活の一部について部分的介護を要する状態	10,473 単位
要介護	1	立ち上がりや歩行が不安定で、排せつ、入浴などに一部介助が必要な状態	16,692 単位
	2	起き上がりが自力では困難で、排せつ、入浴などに一部または全体の介助が必要な状態	19,616 単位
	3	起き上がりや寝返りが自力ではできず、排せつ、入浴、衣服の着脱などに全面的な介助が必要な状態	26,931 単位
	4	日常生活能力の低下がみられ、排せつ、入浴、衣服の着脱など多くの行為で全面的な介助が必要な状態	30,806 単位
	5	生活全体について、全面的な介助が必要な状態	36,065 単位

図表6-3　支給限度額の表

〜5という7段階の区分があり、申請日から30日以内に認定区分に応じた介護保険証が送られてきます。介護認定の区分に応じて、介護サービスに対する1カ月の支給限度額が違うため、認定結果に不服がある場合には介護保険審査会に対して審査請求ができます。なお、介護認定の仕組みは全国共通なので、認定を受けた後に引っ越しなどで居住する市区町村が変わったとしても、従来の介護認定を継続して受けられます。

介護認定の違いによる1カ月の支給限度額は図表6-3のとおりです。

地域によって差はありますが、概ね「1単位10〜11円」で計算されるため、たとえば要介護3の認定を受けると、1カ月あたり26万9310～29万6241円までの介護サービスを1割負担（＝9割引）で受けることができます。

この表を見ると、「要介護度が高く認定される方が、1カ月により多くの介護サービスが受けられるから有利」と思う方が多いのではないでしょうか。でも実はここには誤解があります。

確かに、要介護度が高く認定されると支給限度額は上がります。ただし、利用したサービスの1割（所得状況に応じては2割負担）は自己負担となるため、認定を受けたすべての人が限度額いっぱいまで利用するわけではありません。

また、介護度が高くなると、単価が上がる（＝料金が高くなる）サービスもあるので、同じサービスを割高な料金で利用することになる可能性があります。そう考えると、介護認定が高いから「お得」、低いから「損」というのは、必ずしも正しくないのです。

†親族間で情報を共有することが大切

介護については、相続の際に兄弟姉妹間でもめる原因になることも少なくありません。「私はこれだけ親の介護をしたのだから（＝面倒を見たのだから）、その分相続財産を分ける際に考慮してほしい」というものが典型的です。

また、他の兄弟姉妹から「介護を口実に親のお金を好き勝手に使っていたのではないか？」と疑われるケースもあります。特に親が認知症を患っているケースではこうした問題が相続発生前から出てくる場合もあるのです。

こうした問題は、**親族間で普段から情報共有をしておくことで防げます。**介護が必要となった時点で、誰がどうした役割を担うのかを話し合い、できればそこで決めたことを書面にしておく。その上で、使ったお金の記録をちゃんと残し、定期的にその状況を共有していれば、相続発生時に突然大きな問題が出る可能性は少なくなるでしょう。ここでも日ごろからのコミュニケーションがとても重要な要素となるのです。

3　自分が介護を必要とする可能性

†自分の面倒を見てくれる人は誰ですか？

次に自分が介護を受ける立場になる時のことを想像してみましょう。

厚生労働省の調査によると、要介護認定を受け始める平均年齢は75歳です。45歳の人が

75歳になるのは30年後。その時に、自分の身の回りのことが自分一人ではできなくなったとしたら、誰のお世話になるのでしょう？

以前、ご相談を受けた岩井さんもそんなお一人でした。

ご両親が介護の必要な状態となったため、44歳で実家に戻られた岩井さんの頭をよぎったのは、自分が将来両親と同じように介護が必要になった場合の心配です。

「うちの親は、娘の私がいたからいいです。けれど、私には子どもがいない。私が介護を必要としたときに、誰が面倒を見てくれるのか。それを想像して不安になりました」とおっしゃっていました。

介護は経済的な文脈で考えられることが多いようですが、もっと広い目で「その時の自分」を想像する必要があるのではないでしょうか。

介護が発生した際に起こりうる問題や課題を知ったうえで、自分だったらその時にどうしたいのかを考えておく。そして、その実現のために必要となる準備をなるべく早くから始めておくこと。これこそが、将来の不安を和らげる王道なのです。

4　何年も続く介護、その時あなたはどうしますか？

生命保険文化センターが行った調査によると、介護を行った平均的な期間は4年9カ月となっていますが、**いちど要介護状態になった方が、健康な状態に戻るケースは少ない**ため、約5年たてば解放されるわけではありません。その結果、家族には長生きしてほしいという想いと、介護による身体や経済的な負担から解放されたいという想いが交錯する、とても不安定な状態になる方も少なくないと聞きます。

大家族で生活し、お互いに助け合うのが普通だった昔と違い、核家族化が進んだ現代では、少ない家族に負担が集中します。また、介護状態になった高齢者（＝老人）を介護する人も高齢者（＝老人）という、老老介護の問題も発生しています。みんなが元気でさまざまな選択肢が考えられるときから、将来の準備をすることこそが大切なのです。

†地域包括支援センターを知っておく

最後にご紹介しておきたいのは、皆さんの地域にもある「地域包括支援センター」の存在です。地域包括支援センターとは、地域住民の心身の健康の保持及び生活の安定のために必要な援助を行うことにより、地域住民の保健医療の向上及び福祉の増進を包括的に支援することを目的として、包括的支援事業等を地域において一体的に実施する役割を担う中核的な機関として、市町村が責任主体となって設置されているものです（厚生労働省「地域包括支援センターについて（概要）」より）。

ここには、保健師や社会福祉士、主任介護支援専門員などの専門家が常駐しており、高齢者に対する総合的な公的窓口という位置づけになります。ようするに、**高齢者問題で困った時に頼れる心強い窓口**、と覚えておいてください。

「ご自身の市町村名＋地域包括支援センター」で検索をすると、近くのセンターを見つけることができます。介護にかかる問題だけではなく、日常生活における経済的な問題や家族間のさまざまな問題に対する相談なども受けてくれるので、ご自身の地域を管轄するセンターの連絡先は調べておくようにしましょう。

（参照）厚生労働省「地域包括支援センターの手引きについて」 http://www.mhlw.go.jp/topics/2007/03/tp0313-1.html

第7章 誰もが必要となる相続の話

1 あなたにも相続は起こる

人には寿命があるので、いつか必ず死を迎えることは誰もが知っています。でもそれが「いつ」なのかは誰にもわかりません。そして、人が亡くなると、その人が持っていたすべての財産は、一定の親族に引き継がれます。これを「相続」といいます。相続問題や相続対策というと、まだまだ先の話とか、自分とは関係のない話と考える人は多いのですが、実際には私たち全員に必ず起こることなのです。

第5章でご紹介した岩松さんも、ずっと先のことだと思っていた夫の死が突然訪れたため、気持ちの整理がつかないまま1カ月を過ごされました。妹の由利子さんが、しばらくは家に寝泊まりして手伝ってくれたのですが、由利子さんにもご自身の生活があるため帰らなくてはなりません。そこで今後の生活のことや、相続に関わるさまざまな手続きを心配した由利子さんの勧めで、私の事務所に来られたのでした。

この章では、「相続が発生した時（＝身近な親族が亡くなった時）に何が起こるのか？」「それに備えて今からできることは何か？」について見ていきます。これらはすべて「遺された人（以下、相続人といいます）」の立場で考えますが、実際には「亡くなった人（以下、被相続人といいます）」にもさまざまな想いがあったはずです。

人はいつか必ず「相続人」の立場になり、また「被相続人」の立場になるのです。それはお金持ちだけの話でもなく、特別な話でもなく、いたずらに危機感を煽るべき話でもありません。

いつ起こるかわからないことに対する備えは、「そのうちにやろう」と先送りしがちです。岩松さんのように何も準備ができないままにその時を迎えてしまうと、思わぬトラブルが発生したり、ストレスに悩まされる可能性が高い。「その時のために今からできることは何か？」を知ると同時に、「自分の死に備えて何ができるのか？」についても、考えておくことは大切なのです。

2　相続が発生するとどうなるの？

†法定相続人と法定相続分

人は、年齢の順番に亡くなるわけではありませんが、あなたの親が健在であれば、まずは自分が「相続人の立場」になることを考えるのが自然でしょう。両親には長生きをしてほしいと願う人は多いと思いますが、40代の親世代といえば60代後半から70代、人によっては80代というケースもありますから、現実問題としてそう遠くない時期に発生する可能性があるのです。そこでまずは、法律で定められている「財産を引き継ぐ人（＝法定相続人）」を確認しておきましょう。

まず、被相続人に戸籍上の配偶者がいる場合、配偶者は必ず相続人となります。その際、婚姻期間の長さは全く関係ありません。事実婚のように、ご自身の意思で籍を入れていなければ、相続人にはなりません。

配偶者以外で相続人になるのは、子・直系尊属・兄弟姉妹で、総称して法定相続人（民

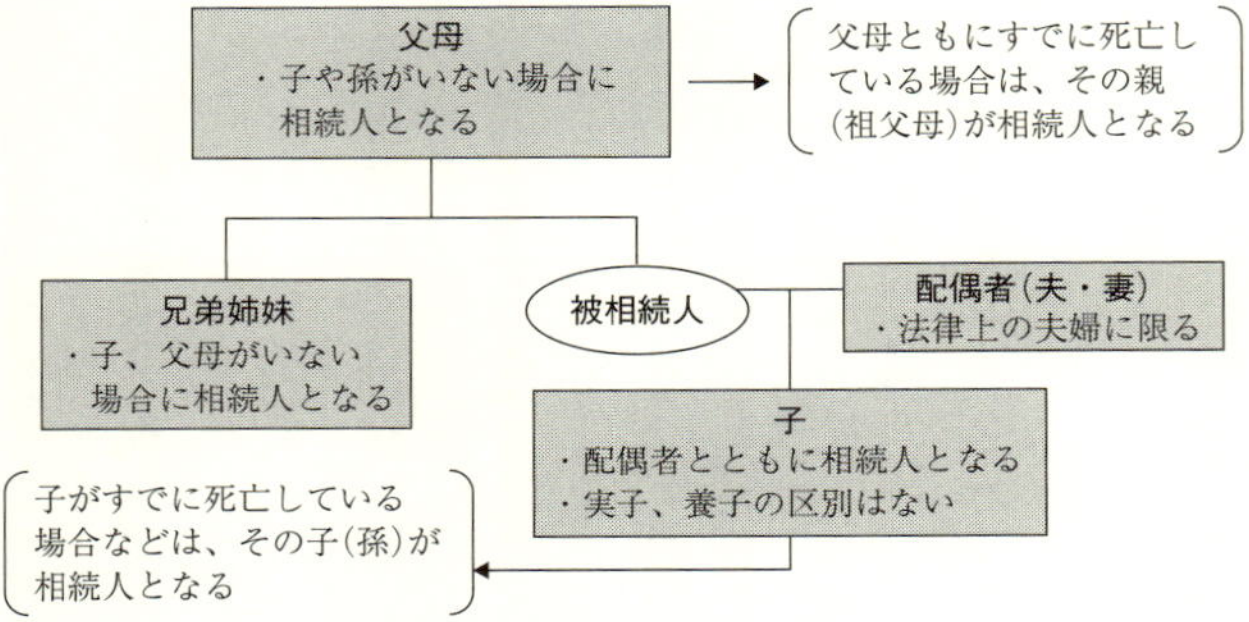
父母
・子や孫がいない場合に
相続人となる
父母ともにすでに死亡している場合は、その親（祖父母）が相続人となる
兄弟姉妹
・子、父母がいない
場合に相続人となる
被相続人
配偶者（夫・妻）
・法律上の夫婦に限る
子
・配偶者とともに相続人となる
・実子、養子の区別はない
子がすでに死亡している場合などは、その子（孫）が相続人となる

図表７－１　法定相続人の範囲と順位

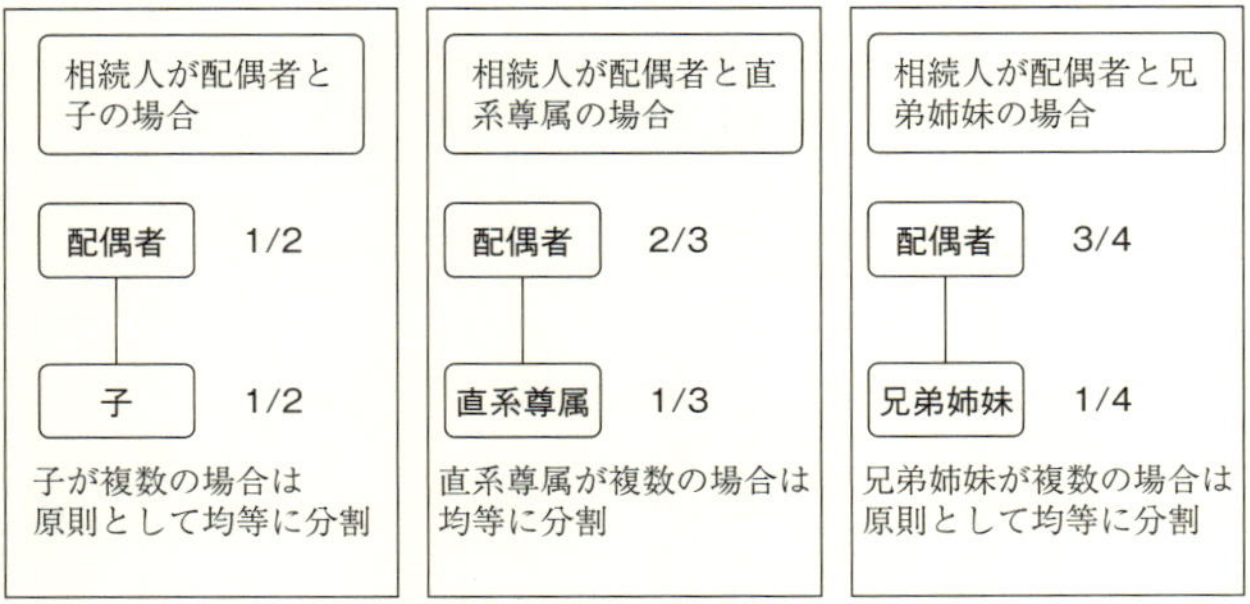
相続人が配偶者と子の場合
配偶者　1/2
子　1/2
子が複数の場合は原則として均等に分割
相続人が配偶者と直系尊属の場合
配偶者　2/3
直系尊属　1/3
直系尊属が複数の場合は均等に分割
相続人が配偶者と兄弟姉妹の場合
配偶者　3/4
兄弟姉妹　1/4
兄弟姉妹が複数の場合は原則として均等に分割

図表７－２　法定相続分

法887条、889条、890条に規定されている）と呼びます。図表7－1のとおり、相続人となる範囲と順位は法律で定められているため、**これ以外の人に財産を遺したいのであれば、遺言書の準備が不可欠**です。

なお、相続人の組み合わせによって、いくらの財産を引き継ぐかという法定相続分（民法900条に規定されている。図表7－2参照）が決まりますが、これはあくまでも民法に定められた原則であり、**遺言書の記載内容や相続人同士の話し合いによって自由に決めることが可能**です。ここは、誤解されている方も多いのですが、法律で定められたとおりに分けなければいけないのではありません。なお、被相続人が遺言書を遺していれば、その遺言書に書かれた内容が法律による相続分より優先されます。

以下、それぞれの相続人について詳しく見ていきましょう。

†子の立場はさまざま

まず被相続人に子がいるケースをみていきます。配偶者がすでに亡くなっていたり、離婚などで戸籍上の夫婦関係が解消されていれば、子だけが相続人となり、配偶者がいる場合には配偶者と子がともに相続人となります。子が複数いれば全員が相続人です。

ちなみに、この場合の相続財産は、配偶者が「全体の2分の1を引き継ぐ権利」を持ち、子は「全員で全体の2分の1を引き継ぐ権利」を持ちます。これが法定相続分です。

たとえば、父親が亡くなって、母親と2人の子どもが相続人で、相続財産が全部で5000万円あったとしましょう。

この場合、財産の2分の1、つまり2500万円は配偶者である母親が引き継ぐ権利を持ち、残りの2分の1は子が引き継ぐ権利を持ちます。子が複数いる場合には、「均等に分割」することになるので、このケースでは、2人の子どもがそれぞれ1250万円ずつを引き継ぐ権利を持ちます（2500万円の2分の1です）。ここでは、長男や長女であることや、同居していたかどうか、さらには養子なのか実子なのかについても全く区別がなく、みんなが平等に引き継ぐことになる点がポイントです。

また、元々はある夫婦の間の子どもだったけど、両親が離婚して母親に引き取られ、その後母親の再婚に伴って新しい父親ができた、というケースもあります。この状況で、実の父親が死亡した場合、この子の立場はどうなるでしょうか？　図にするとこういう感じです（図表7－3）。

このように、ひと言で「子」といってもその立場はさまざまなので、相続の際、思いがけないトラブルの引き金になるケースがあるのです。

ちなみに、図のケースにおいて「実父」が死亡した時、「自分」は「現在の妻」と「子」

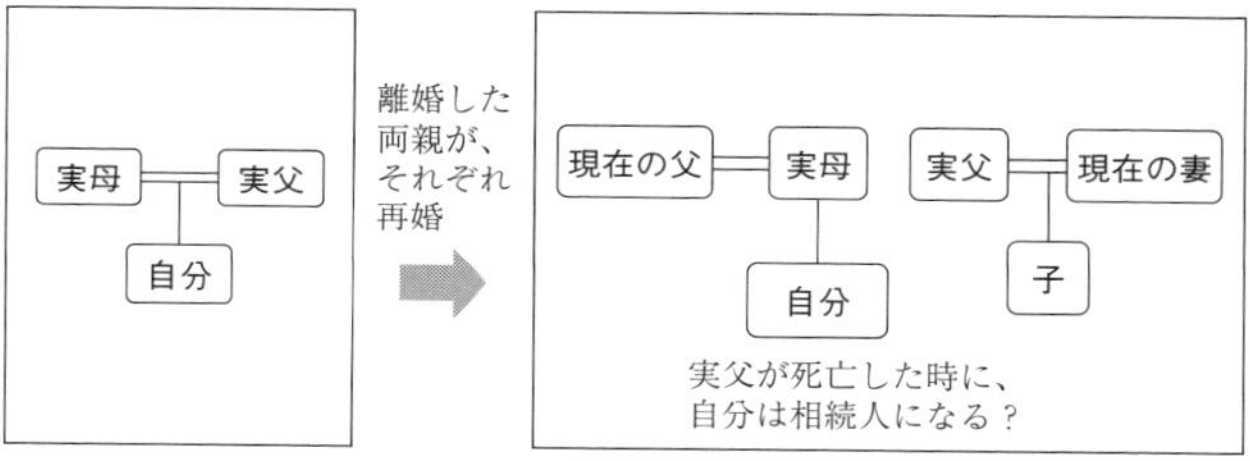

図表7-3　離婚した親が死亡したケース

ともに相続人となるので、財産を引き継ぐ権利を持ち、相続の手続きに参加する必要があります。**両親が離婚しても、「実の子」という立場はいつまでも変わらないのです。**

自分が知らない兄弟姉妹がいたらどうしますか？

ここでひとつ質問です。初対面の人から「私には3人の子どもがいます」と言われた場合、あなたはそれを信じますか？

単なる雑談であれば、それを疑う理由はありませんから、「3人子どもがいる」と言われれば「そうなんだ」と思うだけです。でも、これが相続に絡む話だとしたらどうでしょう。**亡くなった人に子どもが2人だったのか、3人だったのかによって、1人が引き継ぐ財産の割合が変わってくるため、相続人の人数はとても大切なことです。**今いる子は3人だけど、離婚した前の奥さんとの間にも子がいたから、実は4人の子がいるという人かもしれません。

相続の際には、財産の引き継ぎにあたって、金融機関をはじ

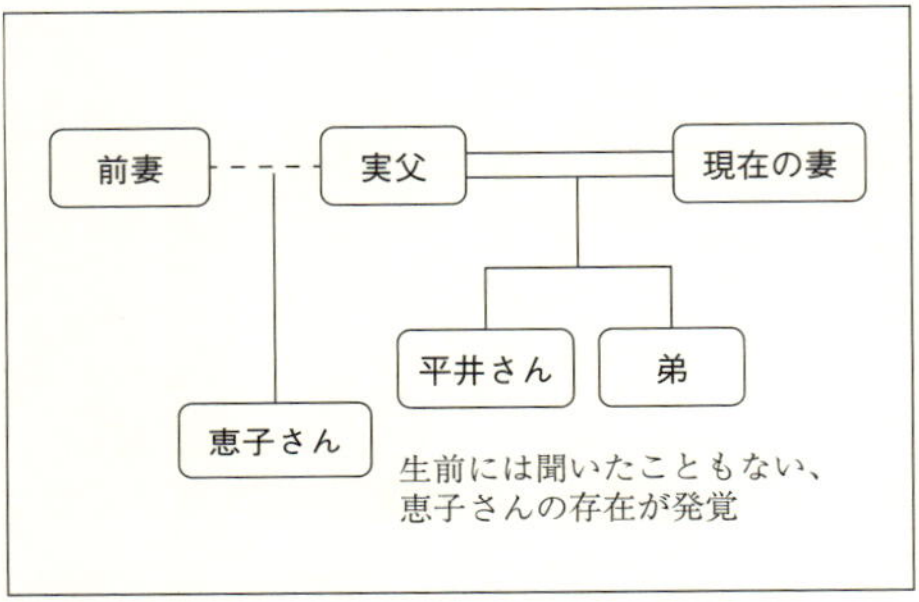

図表7－4　相続後に新たな相続人が判明したケース

めとしたさまざまな機関での手続きが発生します。窓口の担当者に対して、「自分の言っていることが正しいという証明」をする必要があります。そして、このような親族関係を証明する公的な書類が戸籍なのです。

戸籍の話は後で触れますが、自分はずっと「兄弟2人」だと思っていたのに、父親が死んで戸籍を調べたらもう1人の兄弟姉妹の存在が発覚したケースも、決して珍しい話ではありません。

これは以前にご相談を受けた平井さんのお話です。93歳になる父親が亡くなり、相続人は87歳の妻と62歳の長男（相談者の平井さん）、60歳の二男の3人でした。

亡くなった父親の不動産名義を移す手続きや金融機関の口座の解約手続きを進めるにあたって必要となる「父親の出生から死亡までの戸籍」を役所で取得したところ、自分には母親違いの姉（恵子さん）がいることを知ったのです。

恵子さんは72歳で、平井さんより10歳年上。戸籍によって今も生きていることはわかりましたが、今どうしているのかはもちろん、住んでいる場所もわからないので連絡の取りようがないということで、私のところへ相談に来られたのです。

結果的に、平井さんは母親違いの姉である恵子さんと会い、相続財産の一部をお渡しすることを合意しました。このケースでは対面がとてもスムーズでしたが、こうした「思いがけない相続人の登場」は、大きなトラブルにもなり得ます。相続には、自分が考えもしなかったさまざまなドラマが待っている可能性があるのです。

†おばあちゃんが相続人？

では、子がいない場合はどうなるでしょうか？

この場合は、被相続人の直系尊属が相続人となります。直系尊属というのは「自分より上の世代」、つまり父母や祖父母を指します。配偶者とともに相続人となる場合、法定相続分は配偶者が3分の2、直系尊属は3分の1となり、子の時と同様、複数いる場合は均等に分けます。

すでに両親ともが亡くなっている場合でも、たちまち兄弟姉妹が相続人になるわけではありません。仮に１０５歳になる祖母がいるのであれば、その祖母が相続人となります。

平均寿命を大きく超えているので、失礼ながらも、そう遠くない時期に亡くなる可能性は高いと考えるのが自然ですが、それは関係ありません。また、この年代になると認知症を発症し、ご自身では意思表示ができないケースもあります。相続人のなかに、意思表示ができない人がいる場合は、手続きを進めるにあたり、その方を代理する「後見人」を選ぶ必要があります。

後見人を選ぶ手続きは家庭裁判所で行いますが、申し立てから後見人の決定まで半年近い時間を要することもあり、その分相続の手続きは遅れることになります。

†兄弟姉妹が相続人の場合は特に気をつける

そして最後は、子がなく、直系尊属も全員亡くなられているケースです。

この場合、被相続人の兄弟姉妹が相続人となります。配偶者と一緒に相続する場合の相続分は、配偶者が4分の3、兄弟姉妹が4分の1です。

ここでまた、ご自身に置き換えて考えてみてください。ここでいう兄弟姉妹は、「自分の配偶者の兄弟姉妹」です。**仮にあなたに子がおらず、配偶者の直系尊属もすでに他界しているとすれば、配偶者の兄弟姉妹が、あなたとともに財産を引き継ぐ相続人となり、財産の4分の1を引き継ぐ権利を持つのです。**

たとえば、配偶者の遺産が評価額３０００万円の自宅と１０００万円の預貯金だとしましょう。財産の合計は４０００万円なので、その４分の１は１０００万円。もし、配偶者の兄弟姉妹が自らの相続分を主張してきたら、何らかの形で１０００万円分の財産を渡す必要があるのです。自分が住んでいる自宅は売却するわけにいかない。かといって預貯金をすべて渡すことになれば、今後の生活が不安になる。相続分に応じて自宅を共有にする手もありますが、これはお互いにとって抵抗があるかもしれません。

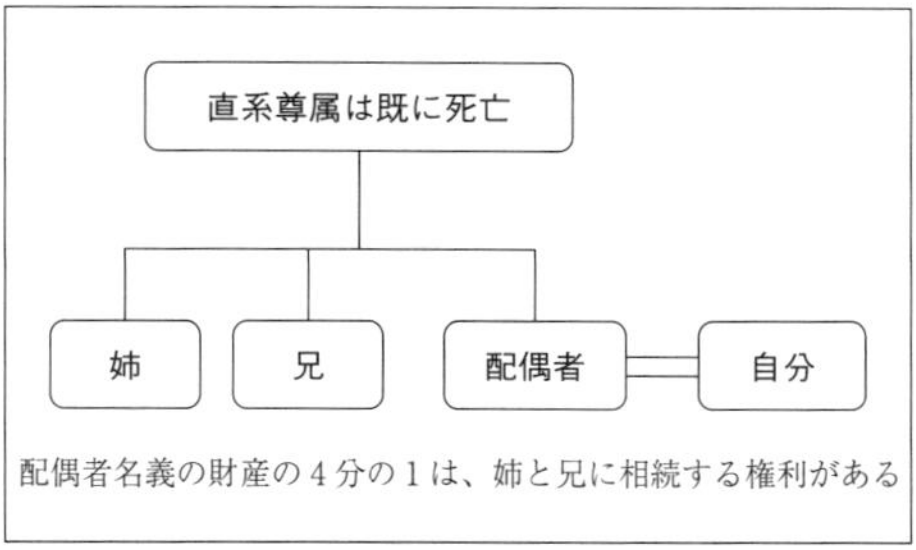

図表７－５　兄弟姉妹が相続人のケース

　兄弟姉妹が納得されて、「財産はすべてあなたが引き継ぐべき」と言ってくだされば問題ありませんが、正当な権利として主張されてきた場合には、話し合いによって双方が納得できる妥協点を見つけるしかありません。こうした争いに発展すると、その結果がどうであれ、大きなストレスになりますし、その後の人間関係も難しくなるでしょう。

　ちなみに、兄弟姉妹には遺留分がないことは前述しました。このケースでも配偶者が**「私が死んだら、財産は全て配偶者〇〇に相続させる」**という遺言書を遺しておけば上記のような問題を防げるのです。備えあれば憂いなしですね。

おひとり様だからこそ考えておくべきこと

現在独身で、子どももいないという人は、相続についてどう考えればいいでしょうか？「私は独り身だから、財産を遺す相手がいないんです」と言う人がいますが、これは正しくありません。配偶者や子がいなくても、自分が死亡した時に直系尊属がいれば直系尊属が財産を引き継ぎますし、直系尊属がいなくて兄弟姉妹がいる場合には、兄弟姉妹が財産を引き継ぎます。

そして、兄弟姉妹が財産を引き継ぐケースで、その兄弟姉妹がすでに亡くなっていると「兄弟姉妹の子」、つまり、亡くなった本人の「甥」や「姪」が相続人となります。これは裏返すと、自分の親戚に子のいないおじさんやおばさんがいて、自分の親はすでに亡くなっている場合、そのおじやおばが死亡した時には、あなたが相続人になることを意味します。相続によって引き継ぐ財産が、金融資産であれば問題ないかもしれませんが、居住地から離れた場所にある管理が必要な不動産だったり、借金だと大変です。借金（負債・債務）も相続財産のひとつですから、相続放棄などをしない限り、相続人に返済義務が生じます。

いずれにしても、おひとり様であったとしても、まずは「自分が死んだ場合の相続人が誰なのか？」を正確に把握しましょう。その上で、その相続人に財産を遺すことに異存がなければ、それでいいわけですし、**「その人には遺したくない」と考えるのであれば「遺言書」を書いておくことを勧めます。**

　遺言書については後述しますが、誰を財産の受取人にしてもかまいません。自分が思うように動けなくなったときに、身の回りの世話をしてくれた近所の人でもいいですし、あとを託す友人でも構いません。介護施設や会社、団体など、個人以外に財産を遺すこともできます。

†人生のドアを閉じる役目

「財産を引き継いでもらう相手」が思い浮かばない場合、自分にもしものことがあった時に葬式をあげてくれる人や、その後の遺品整理をしてくれる人を想像してみましょう。これはおひとり様に限った話でなく、配偶者に先立たれたり、子がいない場合にも当てはまります。**自分の人生の最後のドアを閉じる役目を誰に託しますか？**

　もし、特定の存在が思い浮かぶのであれば、その人に財産を託すことを検討してみましょう。いずれにしても、相続が発生するのは「明日」かもしれないし「30年後」かもしれません。30年後や40年後のことを今から決めるのは現実的ではなく、想像もつかないかもしれませんが、その時々で「今だったら誰かな？」と考えることは大切だと思うのです。

さて、ここまでの話で、自分の身近な親族が亡くなった場合、思いがけない人と共同して手続きを進める必要があったり、考えてもいなかったトラブルに巻き込まれる可能性があることを理解できたと思います。同時に、相続に関する**多くのトラブルの原因は「そんなことは知らなかった……」とか「考えてもいなかった……」というものなので、相続に対する正しい知識と事前準備があれば、防げる可能性が高いのです。**

3　誰もが考えておくべき相続に対する備え

自分の周りで相続が発生した時に備えて、今からできることはなんでしょうか？

前項とは視点を逆にし、「自分が相続人になった時、被相続人が何を準備してくれていたらありがたいか」を基準に考えてみてください。やっておくべきことが明確になります。

まず、相続発生後に、遺された相続人がやらなければいけないことを整理しておきます。

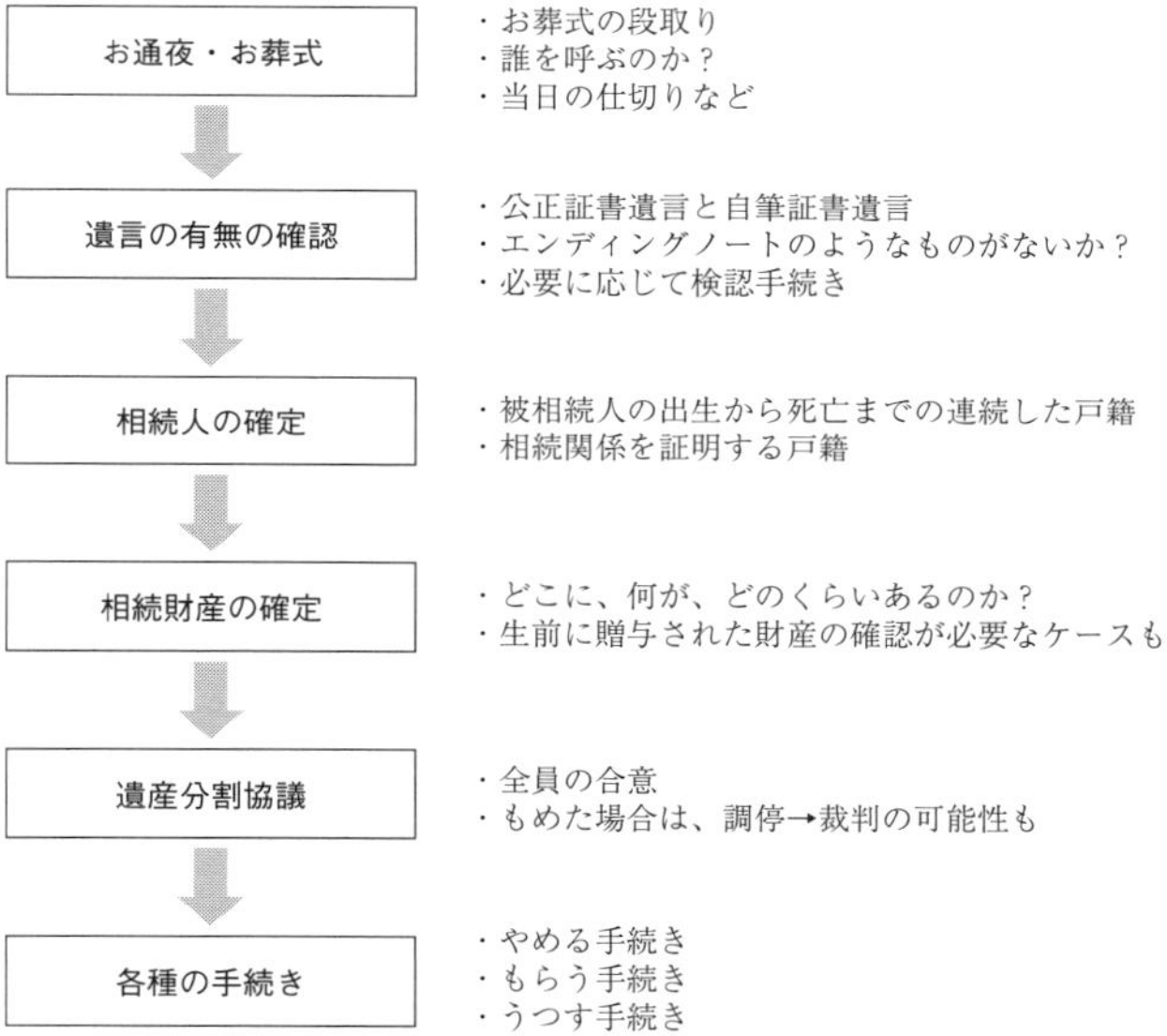

図表7－6　相続発生後にやるべきことの流れ（例）

†お葬式プランを決めておく

人が死亡すると、まずはお葬式を執り行うのが一般的です。宗教上の理由や地域の慣習もあるので一概には言えないものの、通常は2〜3日の間に行うため、ゆっくりと段取りを考える時間はありません。そうであれば、「どこでお通夜やお葬式をあげるのか？」「誰を呼ぶのか？」「誰が仕切るのか？」については、あらかじめ考えておく方がよさそうです。

できれば「葬儀プラン」も考えておくとよいでしょう。また、遺影に使う写真を決めておくのも大切です。

また「死亡の事実を誰に知らせるのか」を整理しておくことも大切です。知らせるべき相手に連絡が行っておらず、あとから知った相手から「なんで報せてくれなかった」という文句を言われるのは、遺族にとってもストレスとなるからです。

遺言の種類

遺言は、一般的には「ゆいごん」と言われ、法律の専門家は「いごん」と言いますが、別にどちらでも構いません。馴染みのある言い方でお読みください。

遺言は、死亡した人（遺言者）が生きている間に示す最終の意思表示です。意思表示である以上「意思能力（＝正常な判断能力）」が必要なので、遺言を書いた際、認知症などの理由で意思能力がなかったと判断されれば、その遺言は無効になる可能性があります。だからこそ、元気なうちに準備しておきましょう。

遺言には「自筆証書遺言」「公正証書遺言」「秘密証書遺言」の3種類があります。いちばん手軽なのは「自筆証書遺言」で、筆記用具があれば今すぐにでも作成できます。ポイントは「全文を手書き」すること。誰かに代筆してもらったり、ワープロで作成すると無効です。そして、遺言書には「書いた日付」「自署」をして、印鑑（実印でなくてもよい）

を押します。

ただ、こうした形式を守っても、書いた内容があいまいだったり、法律的に意味のない記述だと、遺言としての効力が認められない可能性があります。また、自分にとって不利な内容であることを知った相続人が遺言書を隠すことや、内容を偽造・変造される恐れもあります。また、せっかく書いた遺言書を見つからないように隠していたら、死後も見つけてもらえないかもしれません。

自筆証書遺言は、こうした点を注意して作成しましょう。それともうひとつ、**自筆証書遺言や、秘密証書遺言は、発見してもすぐに開封してはいけません。そのままの状態で家庭裁判所に持っていき「検認」の手続きを取る必要があるので気をつけてください。**

†公正証書遺言とは

「公正証書遺言」は、公証役場に行き、公証人に作成してもらう遺言書です。まずは「住所地＋公証役場」で検索し、最寄りの公証役場を確認してみましょう。

実際に作成を依頼する場合、まずは「こんな内容にしたい」という下書きを作成して公証役場で打ち合わせを行い、必要書類と手数料を確認します。そして、作成当日は「遺言者」とともに「２人の証人」の立ち会いが必要です。この証人は専門家に限らず、誰に頼んでもいいのですが、未成年者や推定相続人は認められません。推定相続人というのは「遺言者が死亡した時に相続人になる予定の人」です。受け取る立場の人が、事前にその内容を知るのはよくないということでしょう。

公正証書遺言は、原本が公証役場で保管されるので、遺言の存在が明確なうえ、偽造や変造の恐れがありません。また専門家である公証人が作成しているので、そのまま相続手続きの必要書類として利用できます。ちなみに、相続手続きの際、自筆証書遺言では受け付けないケースも多いようです。遺言書が手続きに使えないと、相続手続きの際に改めて相続人全員の署名や印鑑を取り付けなくてはいけません。もちろん、法的に有効な遺言書があれば、最終的には遺言書どおりの分割が認められますが、そこに至るまでに多大な手間がかかる可能性があるのです。

相続後の親族間のやりとりに不安がある場合、手続きをスムーズに行うためには、手間と費用をかけてでも公正証書遺言の活用をお勧めします。なお、公正証書遺言の作成にかかる費用は、法律で定められているため、公正役場のホームページ等で確認できます。

ちなみに、「秘密証書遺言」を利用されるケースはほとんどないようなので、ご自身の状況に合わせて「自筆証書遺言」か「公正証書遺言」のいずれかを用意すればいいでしょう。

エンディングノートって役に立つの？

「遺言を書くのは大袈裟だし、抵抗がある」という人にお勧めなのは「エンディングノート」です。エンディングノートには決まった定義はありませんが、**万一の際に備えて、家族や周りの人に伝えておきたいことを書き留めておくノートの総称**です。

自分のこれまでの生活を振り返ったり、これからやりたいことを考えたりしながら、遺された家族のために書きます。最近では書店で見かけることも増えました。インターネットから無料でダウンロードもできます。まずは現物を入手して、**書けるところから少しずつ埋めていくといいでしょう。**

エンディングノートへの書き込みを途中で挫折してしまう人の多くは、「何を書けばいいのかわからない……」と言うのですが、書けるところだけを書いたらいいのではないでしょうか。

エンディングノートに書いた内容に、法律的な効力はありません。それでも「こういうお葬式をしてほしい」とか「財産はここにこれだけあるから、こんな風に分けてほしい」と書かれていると、「書いてあるとおりにしようか」というように、相続人同士の話し合いがスムーズに進むかもしれません。「相続財産の分け方で争うことがないように、意見が食い違ったら平等に分けなさい」という内容でも、「そうだよね。争っていたらお母さんが悲しむよね」と、穏やかな気持ちになれるかもしれません。

もちろん、いいことばかりではなく、エンディングノートに書かれていた不用意な一言が原因で、争いに発展する可能性もありますから、感情のままに書くのではなく、言葉を選んで書き、何度も見直すことは大切でしょう。

†戸籍は生前にとっておく

相続が発生すると、まず財産を引き継ぐべき相続人を確定しなければなりません。その際、思いがけない人物の登場でトラブルになったり、ストレスが発生するケースを紹介しました。これを防ぐために考えられるのは、生前に戸籍を集めておくことです。

自分の戸籍はもちろん、自分の親や子の戸籍は役所に行けば取得できるので、事前に取得しておけば、相続関係を明らかにできます。ただ、知りたくない(あるいは、知られたくない)事実が発覚する可能性もあり得ますし、「何でそんなもの取ったんや!」と怒られるかもしれません。場合によってはトラブルに発展する可能性もあり得ますから、取得に際してはご自身の親族関係をよく考えて行動してください。

ちなみに、現在は「本人通知制度」を導入している市区町村もあります。この場合、事前に登録していた人の戸籍等を取得すると、その通知が本人にいきます。つまり内緒で取得することができないので注意しましょう。こうした手続きについての詳細は、必ず事前に窓口となる市区町村の役場で確認してください。なお、1人の戸籍は1通というわけではありません。結婚や離婚、養子縁組や転籍した時の他、法律改正によっても新たに作成されますので、出生からの戸籍をたどると5通や6通の戸籍が出てくることもあるのです。

相続財産一覧表はありがたいプレゼント

相続財産は、「どこに何があるのか」だけでもわかるようにしておくと、相続人の負担が小さくなります。

たとえば銀行の口座ひとつをとっても、「どこの銀行のどの支店に口座があるのかわからない」という状態と「銀行口座はA銀行B支店とC銀行D支店と……全部で5つ」と明確になっている状態では、明らかに後者の方がいいですよね。「どこにあるかわからない」場合、「ほかにもあるんじゃないか」という疑問がいつまでも解消されません。なお、作成する際に金額まで明らかにする必要はありません。口座がある金融機関と支店名、加入している保険、不動産の所在地、ゴルフ会員権など、自分名義の財産をすべて書き出しておけば十分でしょう。

なお、この過程で、不要なものを処分できたり、思いがけない財産が見つかることもあり得ますから、自分にとっても有益な情報になります。

相続が発生した時、被相続人名義の財産は、何らかの形で「手続き」を行わねばなりません。その際、一覧表があるのとないのとでは、相続人にかかる負担が大きく違います。つまり、**一覧表の作成は、遺族にとってありがたいプレゼント**なのです。

†借金も相続財産となる

相続する財産には「プラスの財産」だけではなく「マイナスの財産」もあります。マイナスの財産というのは「借金」や「保証人としての立場」などです。

被相続人が返済を終えていない借金は、相続人が引き継いで返さなくてはなりません。相続放棄（民法に規定された「財産を一切引き継がない」という宣言。相続の開始があったことを知った日から3カ月以内に家庭裁判所への申述が必要）といって、借金の引き継ぎを拒否することもできますが、その場合は一定期間のうちに家庭裁判所での手続きが必要です。なお、相続放棄は、相続人がそれぞれ単独でできるので、他の相続人とは関係なく1人で手続きできます。ただし、放棄をすると「一切の財産を引き継げない」ため、プラスの財産があった場合でもそれを受け取ることはできません。

さて、放棄をしない場合、借金などは相続人が引き継ぎますが、この時に注意しなければいけないのは、預貯金や不動産のようなプラスの財産とは違い、相続人の間で勝手に引き継ぐ人を決めることができないという点です。

極端な話をしましょう。

被相続人が1億円の借金を遺して亡くなったとします。相続人は配偶者と2人の子どもとしましょう。この時に3人全員が相続放棄をしてしまえば、この借金を引き継ぐ必要はありませんが、その場合、当然ながら預貯金や自宅などのプラスの財産も手放さなければなりません。

そこで、自分名義の財産をほとんど持っていない配偶者がその借金を引き継ぐことにし、自宅や預貯金などは2人の子どもが引き継ぐような遺産分割協議を決めたあと、この配偶者が「借金を返すことができない」として自己破産をすればどうなるでしょう?

プラスの財産をほかの家族が引き継ぎながら、借金だけをなくすことが可能になり、お金を貸してくれた相手（債権者）は多大な不利益を被ることになります。ですから、借金などの「債務」については、相続人の間だけで勝手に分割を決めることができず、その際には債権者の同意が必要となります。そうでない限り、それぞれの相続人が法定相続分に応じて引き継ぐことになるのです。

†保証人には要注意

また、ちょっと特殊なマイナスの財産として「保証人としての立場」があります。

亡くなった父親が誰かの保証人になっていた場合、その**保証人という地位も相続によって相続人に引き継がれます。**この場合、父親が保証した相手、つまり「借金をした本人」が存在しますから、この人がちゃんと借金を返済してくれていれば問題ありません。ただ、この人が借金を返せなくなったり、借金を遺したまま亡くなり、その相続人が相続放棄をすると、保証人の相続人に返済義務が生じます。

このように、「借金」や「保証人という立場」があると、相続人に対して思わぬ負担を課すので、その旨はしっかりと伝えておくべきです。特に「保証人という立場」は遺族が誰も知らないケースも多いので、何年も経ってから突然借金の返済を求められる可能性があるため要注意です。

なお、相続放棄の他に「限定承認」という手続きもあります。これは、相続によって引き継ぐプラスの財産の範囲内でのみ債務を弁済し、返しきれない債務については責任を負わない相続の方法です。債務の金額がはっきりしないうちに放棄をすると、借金の額よりプラスの財産の額の方が大きかったとしても、すべての財産を手放さねばなりませんが、限定承認をしておくと、残った分を引き継ぐことができるのです。

限定承認をする場合には、相続の開始を知った日から3カ月以内に「相続人全員」で家庭裁判所に申述する必要があるため、全員の意見が揃わないと手続きできません。

このように、**相続放棄や限定承認の手続きには、3カ月という期限があるので、その間に適切な判断をするためにも、財産の状況を整理しておくことが大切なのです。**

遺産分割協議と各種の手続き

相続が発生すると、最終的には「誰が、どの財産を、どれだけ引き継ぐか」を確定し、それに対して相続人全員が同意したと証明するために「遺産分割協議書」を作る必要があります。遺産分割協議書には、法律で定められた様式がないため、どのように書いても構いません。見本やひな型はインターネット上でいくらでも探せますから、それを参考に誰でもつくることができます。

なお、金融機関の手続きや不動産の名義変更においては、「手続きをする財産に関係する部分だけの遺産分割協議書」があればいいので、各金融機関から取得した用紙に必要事項を記載することでも対応できます。

つまり、**「提出する窓口ごとに、関係する内容だけを書いた書類」**を作成するやり方と、

「すべての財産を網羅した遺産分割協議書をしっかり作り、その協議書をすべての手続きで利用するやり方があるわけです。

あとは、手続きごとに定められている必要書類を揃えて、財産ごとに名義変更や解約、保険金や共済金、給付金の請求などの手続きを進めていくことになります。

4　相続をめぐる税金の話

相続税がかかる人は少数派

ここでは相続の際の税金（＝相続税）についての概要をみておきましょう。

相続税は、被相続人の遺した財産が一定額を超えた場合に課せられるものです。この一定額は相続人数によって定められており、２０１５年1月1日以降に発生した相続については、「３０００万円＋６００万円×法定相続人数」となっています。

たとえば、相続人が配偶者と3人の子どもの場合、「３０００万円＋６００万円×４人＝５４００万円」までの財産額であれば相続税はかかりませんし、申告書の提出も必要ありません。

なお、この一定額のことを「相続税の基礎控除」といいますが、２０１４年12月31日までは「５０００万円＋１０００万円×法定相続人数」でしたから、大きく縮小されています。

ちなみに、２０１３年１年間の相続税の申告状況（２０１４年12月に国税庁が発表）を見てみますと、１年間に亡くなった被相続人数が約１２７万人だったのに対して、相続税の課税対象となった人は約５万４０００人。**つまり、相続税の納税が必要だったのは、亡くなった方の４・３％で、残る95・７％の人には相続税がかかっていないのです。**

２０１５年からは基礎控除が縮小されたことで、相続税の課税対象者の増加が見込まれていますが、それでも全国平均でみると90％程度の人は相続税の納税は必要ないといわれています。

つまり、相続税の心配が必要な人は少数派なわけですが、**相続税がかかるのであれば、事前準備の有無によって納税額が大きく変わる可能性があります。**ここでは、相続対策の話にまでは言及しませんが、相続財産は「被相続人の死亡時点の財産」ですから、生きているうちに財産を譲るという「生前贈与」が典型的な相続税の減税対策となります。

贈与とは、生きている個人同士が、「財産をあげます」「もらいます」という意思表示によって行う契約です。贈与した財産額に応じて贈与税が課されますが、**贈与を受ける人１人につき年間１１０万円までは非課税**となっています。

ここで大事なのは、「**贈与が意思表示の合致によって行う契約である**」という点です。

†贈与に関する誤解と注意点

自分名義の財産が少なくなればいいと考え、「子」や「孫」の名前で銀行口座を作り、そこにお金を移して「贈与」しているという人がいます。でも、これは誤解です。贈与になりません。

前述のとおり、贈与は「契約」です。口座の名義人である「子」や「孫」が贈与の事実を知らない限り、贈与が成立しないのです。つまり、「孫」名義の口座に「祖父」が勝手にお金を入金していた場合、「孫の名前を使っている祖父の口座」という扱いになります。これは「名義預金」と呼ばれ、祖父が亡くなった時には「祖父の財産」として扱われるのです。

贈与していることを知られたくない方は少なくないですが、**生前贈与は、相手に知られないようにこっそり行うことはできない**のです。

生前贈与の効果

ここからの話は、統計的にはごく少数の資産家を想定したものですが、事前準備をした場合としていない場合の差を認識してもらうために紹介します。

2億円の財産を持ち、3人の子と6人の孫がいるおじいちゃんが、その9人全員に対して年間110万円の贈与を活用するとします。おじいちゃんが亡くなった時の相続人は、配偶者と3人の子とし、ほかの要素は一切無視します。

まず、相続税を計算する際の基礎控除額は「3000万円＋600万円×4人＝5400万円」ですから、贈与を一切行わず、2億円の財産がそのまま残っていたとすると、基礎控除の5400万円を差し引いた1億4600万円が相続税の課税対象となります。

それに対して、9人全員に年間110万円ずつの贈与を行えば、1年間で990万円の財産を移すことができます（「10年間にわたって毎年110万円ずつ贈与を受ける」ことがあらかじめ約束されている場合には、1年ごとの贈与ではなく、約束をした年に「定期金に関する権利（10年間にわたり毎年110万円ずつの給付を受ける権利）の贈与」を受けたものとしてまとめて贈与税が計算されるので注意が必要）。1人に対して110万円ですから贈与税は非課税です。そして、贈与を始めてから10年後におじいちゃんが亡くなった場合、その時点の財産は2億円から「９９０万円×10年間＝９９００万円」を差し引いた1億１００万円となり、相続税の基礎控除５４００万円を引いた「４７００万円」が課税対象です。

実際には、「配偶者がどれだけの財産を引き継ぐか」とか「死亡した直前3年間に贈与した財産は相続財産に持ち戻して計算する」といった細かい規定はありますが、１億４６００万円に対してかかる相続税と、４７００万円に対してかかる相続税を比べると、４７００万円に対する相続税の方が少ないことは想像できますよね。簡単に言うとこういうことなのです。

贈与には、ここで紹介した「1年間に１１０万円までの非課税枠」の他、長年連れ添った配偶者に対する贈与の特例や、住宅を買う時に資金援助した場合の特例、将来の教育費を贈与した場合の特例など、特別に税金が優遇される制度がいくつもあるので、家族の状況に合わせてこうした制度をうまく活用するといいでしょう。

なお、ここでは分かりやすくするために「税金の面」だけを見ましたが、実際には生活に関するさまざまな問題や心配事があるものです。親世代からすると「自分が生きている間にお金が必要な場面が出るかもしれないし、医療費や介護の費用も残しておきたい」という考えもあり、計算上はゆとりがあっても、それをすべて贈与するわけにはいかない事情もあるわけです。

相続や贈与の問題は、当事者になると「自分目線」にとらわれがちですが、時間に余裕がある状態で冷静に考えると「相手目線」にも気が付き、結果としてお互いに納得のいくよい対応ができる可能性が高くなるのです。

5　相続後にやらなければならない手続き

ここまでは「事前に備えておく」という目線で相続を見てきましたが、この章の最後に誰もに関係する手続きの概要をまとめておきます。これは相続人同士でのトラブルがなかったとしても必要なものです。どんな手続きが必要となるかは、人によって違いますが、多くの人に関係するものをざっと挙げたのが図表7－7です。

もちろんこれ以外にもさまざまな手続きがありますが、主だったものを書き出すだけでも「なんだかやることが多いな……」という印象を持ちませんか？　しかも、手続きの窓口には平日の昼間しか開いていないところも多いので、何の準備もなしに行うのはかなり大変です。

これらの手続きを整理すると、「うつす」ものと「やめる（解約する）」ものと「もらう

やるべき手続きの例	
死亡届・死体火葬許可申請書	健康保険証の返却
葬儀等のセレモニーの実施	運転免許証やパスポートの返却
遺言書の有無の確認と検認	携帯電話の変更・解約
相続人の調査	クレジットカードの変更・解約
相続財産（不動産・金融）調査	遺族年金等の請求
遺産分割協議（協議書作成）	未支給年金の請求
預貯金の口座名義の変更・解約	生命保険金・共済金等の請求
証券口座名義の変更・解約	入院給付金等の請求
不動産の名義変更	死亡退職金や弔慰金等の手続き
自動車の名義変更	埋葬料・埋葬費の請求
自動車保険の変更等	ローンなどの変更
電話や公共料金などの名義変更	相続放棄・限定承認の申し立て
ゴルフ会員権の売却や名義変更等	遺留分減殺請求
農協・共済・組合等への出資金の処理	所得税の準確定申告
老齢年金の停止	相続税の申告と納付

図表7－7　相続後に必要となる手続きの例

（請求する）」ものがあります。

†名義変更が必要な「うつす」手続き

「うつす」というのは名義を変更するという意味です。被相続人名義の財産のうち、名義を変えて継続するものがここに入り、自宅などの不動産の登記名義や自動車の名義などが代表例です。

　銀行の預貯金や証券会社の口座にある金融資産なども、相続人の口座にうつすことになります。金融機関にある被相続人名義の口座に入っているお金は、手続きが終わるまで動かすことができません。値動きのある投資商品は、日々の相場変動で残高が変わりますが、手続きが終わらなければ売却もできないため、実際に

受け取れる金額が相続時の評価より大きく減る可能性もあるのです。

不動産名義は誰になっていますか？

また、**不動産の名義変更の際によくみられるのが、「ずっと前の持ち主名義のままになっている」という問題**です。土地や建物など不動産の所有者が誰なのかは、法務局に備えられている登記簿に記載されています。所有者が死亡したことで相続が発生すると、当然次の所有者の名義に変更することになりますが、この時に必要な「所有権移転登記」には特に期限が定められていません。そのため、亡くなった方の名義のまま放置されているケースが少なくないのです。

その不動産を持ち続ける限りは問題が表面化しませんが、たとえば人に貸すとか売却するとなった場合、「現在の所有者名義」にする必要が出てきます。その際、実際には「祖父」から「父」そして「自分」に所有権が移っているのに、登記簿に記載されている所有者が「祖父」のままだとしたら、まず「祖父から父」への名義変更手続きを行ったうえで「父から自分」への名義変更手続きが必要となります。「祖父から父」への名義変更手続きには、「祖父が亡くなった時の相続人全員」の署名等が必要なので、ただでさえトラブルになることが多い相続手続きが、より複雑になります。

不動産をお持ちの方は、「登記簿上の所有者が誰になっているのか」について、ぜひいちど確かめておいてください。

†解約が必要な「やめる」手続き

「やめる」というのは解約するという意味で、被相続人が受けていた年金の他、健康保険証、運転免許証、パスポートなど、人によって多岐にわたります。携帯電話などは、そのまま引き継いで使うのであれば「うつす」手続きですし、もう誰も使わないのであれば「やめる」手続きです。ちなみに、被相続人が携帯電話を頻繁に使われていたのであれば、亡くなった後も一定期間契約の継続をお勧めします。

これは、被相続人の死亡が伝わっていない知人や友人から、携帯に電話が入ったりメールが届いたりすることがあるからです。かかってきた電話に出ることで、本人が死亡したことを伝えることができます。ただし、こちらからかけることはないでしょうから、基本料金の最も安いプランに変更し、充電を忘れないようにお気をつけください。

また、**健康保険証を返す時には、「埋葬料」という死亡時に受け取れる給付金の請求のほか、該当する人は高額療養費**（医療機関で支払う1カ月あたりの自己負担額が一定金額を超えた場合に、超えた金額が全額戻ってくる制度。請求手続きには健康保険証が必要となるので、該当する場合は返却前に手続きをしておきたい）の請求手続きも忘れないようにしましょう。

請求をして「もらう」手続き

そして「もらう」もの。これは相続人が請求するもので、生命保険金や共済金などが代表的です。当然ながらこれらは**請求をしなければ受け取ることができません**から、漏れなく請求することが大切です。保険料や掛け金の支払いが終了していて、契約していることすら気づかないケースがあったり、死亡保険金の請求はしたけど、亡くなる前の入院に対する入院給付金の請求が漏れていることは珍しくありません。また、クレジットカードに付帯されている保険などがあれば、それも忘れずに請求しましょう。

その他では「遺族年金」も多くの方に関連します。遺族年金は第4章2節で触れましたが、夫婦がともに老齢年金を受け取っている場合に、配偶者の死亡でもらえることになった遺族厚生年金の請求漏れがあります。細かい知識はさておき、とにかく**相続が発生した際には住所地を管轄する年金事務所に行って確認する**ことを忘れないでください。

このような数多い手続きを漏れなく進めるためには、相続人同士の協力が不可欠です。1人の相続人に負担が集中すると、それ自体がトラブルの原因になりますし、時間がかかることで大きなストレスとなるケースも少なくありません。

本章3節でご紹介した「資産の一覧表」があると、遺産分割協議がスムーズにでき、そのあとの手続きの見通しも立てやすくなります。また「他にももっと財産があるのでは？」「借金があったらどうしよう？」という心配も不要になります。手続きの見通しが立っていると、自分でできることなのか専門家に任せるべきなのかの判断ができ、その結果、手続きにかかるコストを抑える効果も期待できます。このように手続き自体がスムーズに進むと、相続人同士の人間関係がこじれる心配も少なくなりますし、何よりもストレスから解放されるのです。

第8章
知っておきたい制度と専門家

1 こんなに使える公的制度

公的制度というのは、国や地方自治体などの公的機関が実施している制度の総称です。地方自治体の制度は、都道府県や市区町村単位で実施されているため、そのすべてを紹介することはできません。ただ、第4章で紹介した遺族年金のように、全国一律に実施されていて、生活に深い関わりがありながらも、その仕組みがあまり知られていない制度も多くあります。本章では最低限これだけは知っておきたいものをまとめて紹介します。

お勉強的な内容が苦手な方は、この章を飛ばしてもらっても結構ですが、図表8－1で

制度		対象になる時	制度の概要	主な窓口
公的年金	老齢年金	原則65歳になった時	退職後の生活保障	年金事務所
	遺族年金	被保険者が死亡した時	遺族の生活保障	
	障害年金	被保険者が所定の障害状態になった時	障害者の生活保障	
公的医療保険	健康保険	医療機関で治療を受けた時や所定の理由で休業した時等	医療費の補てんや休業補償等	全国健康保険協会・健康保険組合
	国民健康保険	医療機関で治療を受けた時	主に医療費の補てん	市区町村
介護保険		所定の要介護認定を受けた時	介護サービス費用の給付	市区町村
労働保険	雇用保険	失業した時や所定の要件を満たして休業をした時など	失業や休業時の所得補償等	ハローワーク
	労働者災害補償保険	業務上・通勤途上に傷病を被った時等	労働者への補償	労働基準監督署

図表8－1　日本における社会保険制度の概要

「こういう制度がある」ことだけでも知っておいてください。

1－1　公的年金制度

いわゆる「年金」と呼ばれている制度です。年金といえば、老後の生活資金として受け取るものと考えている方が多いと思いますが、これは「老齢年金」といって、3つある年金の受け取り理由のひとつにすぎません。老齢年金以外にも「遺族年金」と「障害年金」があることを知っておきましょう。「老齢年金」は第2、3章、「遺族年金」は第4章で触れましたので、ここでは障害年金を紹介します。

（A＋B）

A：　平均標準報酬月額 × 生年月日に応じた乗率
　　× 平成15年3月以前の被保険者期間の月数

B：　平均標準報酬額 × 生年月日に応じた乗率
　　× 平成15年4月以降の被保険者期間の月数

注）年金の計算式は物価等の変動によって随時見直される。

図表8－2　障害年金の計算式

障害年金は、年金の加入者（被保険者）が所定の障害状態となった場合に受給できるもので、国民年金から支払われるものを「障害基礎年金」、厚生年金から支払われるものを「障害厚生年金」といいます。なお、所定の障害状態というのは、国民年金（基礎年金）では「障害等級１級、または２級の状態」で、厚生年金では「障害等級１級、２級、または３級の状態」を指します。

病気やケガなどによって所定の状態に該当した場合、その状態が続く限り年金を受給でき、その金額は障害基礎年金は定額で、障害厚生年金では、勤務月数や勤務期間中の平均報酬によって図表８－２の計算式に当てはめて算出します。

この計算式、前に出てきたのを覚えているでしょうか？　そうです、老後の年金（老齢厚生年金）を計算する時や死亡した際の遺族厚生年金を計算する時と同じ式です（被保険者期間には３００月の最低保証がある点も同じ）。

２００３年３月までと２００３年４月以降では、ボーナスの金額を反映するかどうかに違いがありました。１０２頁と同じ条件

	障害基礎年金	障害厚生年金
1級障害	975,100円（2級の金額×1.25）	802,000円（2級の金額×1.25）
2級障害	780,100円	641,600円
3級障害	支給なし	641,600円

注）102頁の前提条件による計算の場合。家族構成などによる加算は考慮しない。

図表8－3　障害年金の受給額

で計算した結果の受給額は図表8－3のとおりです。

年金は万能な保険

細かい計算はさておき、所定の障害状態になった場合には、公的保障として、これだけの金額を毎年受け取れる事実を知っておきましょう。

若い世代を中心に、「長生きしない限り、もらう年金より支払う保険料の方が多くて損する」と言う人がいますが、それは「公的年金制度の一部」を見ているにすぎないということです。

ただし、保険料を滞納しているなど、受給要件を満たしていなければ、これらのすべてを受け取ることができません。0円です。その時になって「しまった、払っておけばよかった」と思っても後の祭り。公的年金についての窓口は、各地域の年金事務所（お勤めの人は、勤務先の会社や団体を通じて手続きを行うのが一般的）です。

1－2　公的医療保険制度

†医療費の自己負担を抑える仕組み

風邪をひいて病院にいくと、受付で健康保険証を出しますよね。これが公的医療保険制度に加入している証です。公的医療保険制度は、実際にかかった医療費の3割だけを負担すればいいというのが基本となる仕組みです。この「3割」を自己負担といい、小学校に入るまでの子と、70歳以上になった人は「2割負担」となっています（報酬や生年月日によって違いがあります）。

ただ、入院や手術などで1カ月の医療費が100万円といった高額になると、「3割負担」でも自己負担は30万円。さすがに家計を圧迫する金額です。そこで、「1カ月あたりの自己負担額」が一定金額を超えると、超えた分は健康保険がカバーしてくれる制度があります。**つまり、どれだけ医療費がかかったとしても、自分が実際に支払う金額は一定額でよいという制度で、これを「高額療養費」といいます。**とても大切な制度にもかかわら

	標準報酬月額	1カ月の自己負担限度額
①	標準報酬月額83万円以上 （年収で約1,160万円以上）	252,600円＋（医療費－842,000円）×1％
②	標準報酬月額53万〜79万円 （年収で約770万〜1,160万円）	167,400円＋（医療費－558,000円）×1％
③	標準報酬月額28万〜50万円 （年収で約370万〜770万円）	80,100円＋（医療費－267,000円）×1％
④	標準報酬月額26万円以下 （年収で約370万円以下）	57,600円
⑤	低所得者（住民税非課税者等）	35,400円

注）2015年1月1日以降の新しい所得区分に基づく自己負担限度額。

図表8－4　高額療養費における自己負担限度額

ず、制度自体を知らない人や、聞いたことはあるけど仕組みを知らない人が意外と多いようです。

ちなみに、この「一定金額」は、その人の所得状況に応じて違います。２０１５年１月１日に改正された後の金額は図表８－４のとおりです。

たとえば、年収５００万円の方であれば、保険料の計算基礎となる標準報酬月額は28万〜50万円という区分に入りますから、「③」の計算式を使用します。

仮に１カ月にかかった医療費が１００万円だとすると、「８万１００円＋(１００万円－26万７０００円)×１％＝８万７４３０円」が上限となるので、窓口で支払う金額は１００万円の３割である30万円ではなく、８万７４３０円となるわけです。差額の21万２５７０円が高額療養費です。

ここで注意が必要なのは「70歳未満の人は、病院窓口でいったん３割を支払い、その後、健康保険組合や国民健康保険など加入している保険者に請求し、自己負担限度額を超えた額（＝高額療養費）の還付を受ける」という流れが原則になっていることです。つまり、**事後に請求を忘れると30万円を支払ったままになります。**実はこの請求漏れが案外多いのです。そこで今では、医療費の支払い前に、**加入している健康保険の窓口に対して「限度額適用認定証」を発行してもらって病院の窓口に提出すると、最初から自己負担限**度額だけの支払いで終える仕組みがあるのですが、これもあまり知られていないようです。

健康保険の給付を受ける権利は2年で消滅してしまいます。「よくわからないから」と放っておくと、数万〜数十万円もの損をしてしまう可能性があるので、絶対に忘れないようにしたいものです。

休業時の補償も健康保険から受けられる

病気やケガで仕事を休んだ場合も健康保険からの給付があります。

1日や2日の休みであれば「有給休暇」を使っておしまいでも問題ないですが、休職が長期に及ぶといつまでも有給休暇を使うわけにいきません。有給を使い果たした後は、たとえ会社に在籍できたとしても、給料の大幅な減少や、給料が支払われない可能性がでてきます。

その際に力を発揮するのが「傷病《しょうびょう》手当金《てあてきん》」です。これは単純に**「休業時のお給料を一**

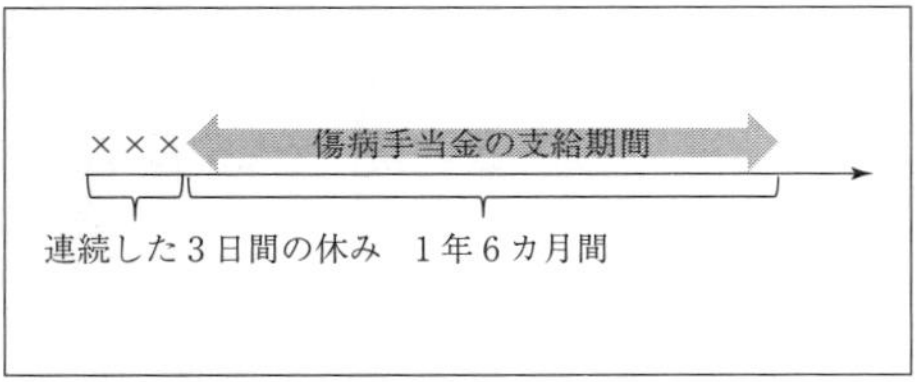

図表8－5　傷病手当金

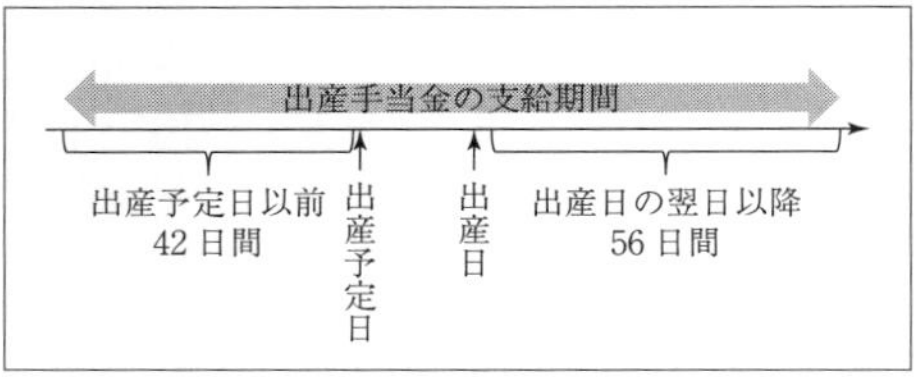

図表8－6　出産手当金

部補てんしてくれるもの」と考えてください。要件を満たせば自宅療養でも対象になるので、入院していなくても大丈夫です。この制度では、「休みを取る前の給料」を基準に、その3分の2相当額を「休業4日目から最大1年6カ月」給付してくれるので、かなりのサポートになります。

たとえば、お給料が30万円の人であれば、その3分の2は20万円。仕事を休んでいる間も、毎月20万円の収入を確保できるのです。ちなみに、このケースで休業中も会社から毎月10万円のお給料がもらえるとすれば、差額分だけの支給になるため、傷病手当金の額は10万円となります。

また、出産のために休職した場合は「出産手当金」によってサポートされます。

出産手当金とは、**被保険者が出産のために仕事を休んだ場合に支給されるもの**です。支給対象となるのは、出産予定日以前42日間（多胎妊娠の場合は98日）と出産日の翌日以後56日間で、出産予定日より実際の出産日が遅くなった場合は、その日数分も支給されます。支給額は、傷病手当金と同じく「休みを取る前の給料」の3分の2相当額です。

また、子どもが生まれた時にもらえるお金としてよく知られている「出産育児一時金」も健康保険の制度で、現在は1児につき42万円（産科医療補償制度に加入する医療機関において出産した場合）が支給されます。

なお、傷病手当金や出産手当金は「受給が始まった後に退職」しても引き続き受け取れますが、**「受給する前に退職」すると受け取れないケースが出てくる**ので注意が必要です。お勤め先の総務や人事の担当者にしっかりと確認しましょう。

公的医療保険の窓口は、全国健康保険協会（通称：協会けんぽ）や健康保険組合ですが、国民健康保険の方は市区町村役場です。加入されている制度によって異なるので、ご自身の健康保険証でご確認ください。

1−3 公的介護保険

†介護保険の高額介護サービス費

家族が介護状態になった際に利用する公的介護保険については第6章で触れました。基本的な仕組みは、「**認定を受けた要介護度に応じて、1カ月に一定金額までは1割負担で介護サービスが受けられる**」というものです。

そして、この公的介護保険には、公的医療保険同様「1カ月の自己負担額が一定金額を超えると超えた分が還付される」制度があり、これを「**高額介護サービス費**」と呼びます。

なお、介護保険と医療保険を合算した自己負担額の1年間の総額が一定の限度額を超えた場合には、「高額医療・高額介護合算療養費」として別途支給される制度があります。この制度は、健康保険と介護保険にまたがっている上、「年間を通じて」なので、請求を忘れがちです。制度の存在を知らなければ窓口への確認すらできません。「自己負担が高額になった時は何かあったはず」ということさえ知っておけば、窓口に確認できますし、確認すればちゃんと教えてもらえます。

公的介護保険の窓口は、市区町村役場です。また、お住まいの地域にある地域包括支援センターでも教えてもらえます。

1-4　雇用保険

雇用保険は、民間企業に勤める方が加入している制度で、労働者災害補償保険（労働者が、仕事中や通勤途中の事故等によって生じたけがや病気、障害、死亡に対して給付を行う制度。給付を受けるためには業務上災害や通勤災害として認定を受けることが必要となる（本書では触れない））と合わせて「労働保険」と呼ばれています。給与明細を見ると「雇用保険料」という項目があり、いくらかの保険料が差し引かれているのがわかります。さて、この保険料は何のために支払っているのでしょうか。

†失業した際の所得補償

まずベースとなるのが「基本手当」で、一般的には「失業保険」と呼ばれています。退職や転職経験のある方は利用したことがあるかもしれません。

基本手当とは、「働く意思と能力がある被保険者が失業した場合に所得補償として支給される給付」です。ようするに**「仕事を探しているけど見つかっていない間」**の収入を**補償してくれるもの**。受け取るための条件を満たしていると、勤めていた期間や年齢、退職理由などに応じて90～３３０日の間支給されます。ちなみに、この基本手当は定年退職した場合でも65歳までは要件を満たせば受け取れます。ただし、65歳未満で老齢年金を受給できる場合は、どちらか一方しか受けられない点に注意しましょう。

60歳以降にお給料が減少した時の補償

雇用保険には「高年齢雇用継続給付」という制度があります。これは、60歳以上65歳未満の人を対象とした制度で、「仕事は続けているけど給料が減った」場合に、所定のルールにしたがって支給されるものです。ようするに**「減ったお給料の補てん」**ですね。支給額は賃金の減少割合によって違いますが、最高で新しい賃金の15％となります。仮に、60歳時点で50万円だったお給料が30万円に減ったとすると、30万円の15％、つまり４万５０００円が給付金として支給されるわけです。

†育児や介護で休業すると補償される

雇用保険には、子どもの養育や家族の介護のために休職する際の補償も用意されています。まずは「育児休業給付」。1歳未満の子どもを養育するために休む場合に支給されるもので、健康保険の出産手当金とは違い、男女問わず支給を受けることができます。原則として休みを取る前のお給料の50%が休業期間中に支給される制度ですが、２０１４年4月1日以降に開始する育児休業からは、開始から１８０日目までの給付額が休業前賃金の67%となっています。

そして「介護休業給付」は、介護の必要な家族を介護するために休業した場合に支給されるもので、休業前の賃金の40%が、通算93日間を限度に支給されます。

雇用保険に関する窓口は公共職業安定所（通称：ハローワーク）です。

以上、代表的な公的制度を紹介してきました。こうした制度は改正もあるため、その時々の内容を正確に覚えておかなくても大丈夫です。ただ、人生の節目や何か大きな変化があった時に、**「こういう時に使える制度が何かあったはずだぞ」と気づくことが大切です。**

また、このような「いざという時の給付」には、勤務先の会社や所属している労働組合、労使共済会などで独自の制度が用意されていることも少なくありません。せっかく利用できる制度があるのに、知らないから使わなかったということがないように、この機会に所属団体の制度もチェックしておきましょう。

†働き過ぎると損なのか？

「普段聞きなれない制度」のなかには、事実と違うことが当たり前のように信じられているケースがあります。そのひとつに「年金をもらえる年齢になってから働くと、その分年金が減らされるから損をする」というものがあります。あなたはこの真偽について自信を持って説明できますか？

これは、在職老齢年金という仕組みの話です。制度の概要を説明すると、「老齢年金を受給している人が、勤務先からの報酬も得ているとき、その合計額に応じて受け取っている年金額が減額される」というものです。

この時、まずポイントになるのが、「勤務先からの報酬」という言葉。つまり、自営業などによる稼ぎは関係ないので、年金が減額されることはありません（2015年3月現在）。

一方、勤務先から報酬を得て、厚生年金保険料が天引きされている場合にはこの仕組みが関係してきます。その際、基準となるのが「28万円（65歳以降は、基準となる金額が「47万円（２０１５年度以降）」となる）」。65歳になるまでは**「受け取っている年金」と「勤務先からの報酬」の合計が月額28万円を超えると、超えた分の２分の１が減額されるという仕組み**になっています。

たとえば、受け取る年金額が年間１２０万円で、勤務先からの報酬が20万円あるとしましょう。年金額を１カ月あたりに直すと「10万円」で、報酬の20万円と合わせると「30万円」になります。28万円を超えたのが２万円なので、その半分の１万円が年金から減らされる、つまり、この場合は年金額が月９万円になるわけです。

これだけを見ると「働いて報酬を得ると年金が減る」というのは間違いではありません。でも、この人の収入全体は「年金９万円」と「報酬20万円」の合計29万円になり、働かなかった場合（＝年金のみの収入の場合）の「年金10万円のみ」と比べれば明らかに増えています。その差は１カ月に19万円なので、この状況が３年間続くと、６８４万円という大きな差になります。**このような具体的な数字を見ずに「働くと損」という言葉だけで判断すると、得られる収入をみすみす逃すことになりかねない**のです。

†目先の金額だけではなく先行きお金の流れを確認する

会社の制度をしっかりと確認しておくことも大切です。早期退職などで退職金が上乗せされるケースがありますが、それは長い目で見た時に自分にとってプラスなのでしょうか？　働く期間が短くなることによる収入の減少はもちろん、勤務期間が短くなることで、将来受け取る老齢年金が少なくなったり、その間に不測の事態が発生した際の補償が薄くなっていたりなど、さまざまな影響も意識しましょう。

仕事を続けるか否かの判断は、個人の選択ですから人がとやかく言う問題ではないかもしれません。最近では、男女問わずに親の介護のために退職や休職を余儀なくされるケースも少なくないようです。ただ、将来にわたるキャッシュフロー表を自分でチェックして、「今仕事を辞めても大丈夫！」と判断されるのであればいいのですが、目先の金額だけを見て決断したり、思いがけない状況変化で選択肢が選べないでいると、予想外の経済的な損失を被る可能性があるのです。

自分でコントロールできない状況の変化はあきらめて甘受しがちですが、ここまでに書いたように、「まったく予想もつかないこと」は少なく、多くのことは誰か別の人が経験しており、その事例を知れば想像できる範囲の話なのです。

2　こんな時は誰に相談するか？

本書を読み進めるなかで知った内容を実行する際、自分だけで完結できるのであればそれに越したことはありません。ネット上の情報はもちろん、それぞれの分野について詳しく書かれている本もたくさんありますから、必要な情報の収集には困らないでしょう。ただし、溢れんばかりの情報のなかから、自分が本当に知りたいことを見つけるのは大変です。また、自分1人で考えた内容を客観的にチェックしてくれる人の存在も大切です。

専門家の立場の理解と外部の知見の活用

何らかの課題について専門家に相談する際、必ず確認したいのは**「その人が何によって生計を立てているのか」**という点です。商品を販売することによる手数料が収益源である場合、**「他の選択肢を提示されないまま、自社の取扱商品だけを勧めてくる」**ことになりかねません。これについては「自分自身が基礎知識をもつこと」で回避できる可能性が高まります。「自分が必要としているものの理解」と「他の人にも意見を聞いてみる」という態度があれば、相手側も相応の対応をしてくれるでしょう。

とにかく大切なのは**「基本的な知識や情報を持ってから相談する」**ことと、**「ひとつの意見だけにとらわれない」**ことです。

また、お金まわりのことは、あまり人に知られたくない部分でもあるので、必要な知識を身につけて自分で判断できるのが望ましいかもしれません。その際に「外部の知見を活用する」という考え方はとても大切です。私自身、FP歴19年目にしてはじめて外部の人に本格的な家計診断をしてもらった際に、このことを痛感しました。本書で述べている内容を知識としては身につけている私でも、自分ひとりでは適切な判断を下すことは難しいのです。

医者の不養生とはよく言ったもので、この時にダメ出しをされた項目は多く、自分を振り返るいい機会となりました。知識を身につけたとしても、自分自身のことを冷静に判断するのは難しいようです。

第9章

人生に「かかる」お金と「かける」お金

1 「かかる」のか、「かける」のか?

家計の支出はさまざまな要素から分類できますが、この機会にいちど「かかるお金」と「かけるお金」という視点で分けてみてください。

かかるお金とは、「どうしても必要なお金、削ることが難しいお金」を指し、かけるお金とは、「使わなくても何とかなるが、自分の意思で使うと決断したお金」を指します。

「かかる」お金にいくら「かける」のか？

たとえば食費。生きるには食べる必要がありますから、これは「かかるお金」です。でも、１カ月にいくら使うかは人によってそれぞれです。３万円あれば食べていくことはできるけれど、外食などを含めると毎月６万円ぐらい使っているという人は、「食費としてかかるお金は３万円だけど、６万円をかけている」のです。

また、車を買うためのお金はどうでしょう？

一般的に考えると「かけるお金」のように感じますが、地域の事情や家族の事情で、車がなければ生活に支障をきたすのであれば「かかるお金」と言えなくもありません。ただ車といっても50万円の中古車から４００万円（またはそれ以上の価格）の新車まで幅は広く、どれを選択するかは自分自身です。50万円の中古車でも十分に目的が達成できるけど、やはりいい車がほしいから４００万円で購入したのであれば、「かかるお金は50万円だけど、４００万円をかけた」ということです。

何もそれが悪いといっているわけではありません。ただ、その金額を支払うことによって将来のお金が不足して、苦労することがわかっていたのであれば、これほどのお金をかけなかったかもしれません。「かかる」のか「かける」のか。使う前に少し意識をしてみると、たとえ目の前にお金があったとしてもその使い方が変わるかもしれないのです。

自分の軸を持つ

世の中には「お金をかけることを促す仕組み」が溢れているため、こうした意識がないとついついお金を使い過ぎてしまいます。大切なのは相手（売り手）のペースで動かないように、「自分の軸＝ライフプラン」をしっかり持つことでしょう。

ちなみに、支出における「かかる」のか「かける」のかと同じ視点で考えられるのが、貯蓄について「貯まる」のか「貯める」のかというものです。**お金が貯まっている人は、何もせずに「貯まる」のを待っているのではなく、意識して「貯める」ための行動をとっている**ものです。ただ、いちど限りの行動ではなく、その行動を継続するためにも「貯めるための仕組み」が重要です。大切なのは理屈がわかっているだけではなく、実践し、継続できる点に尽きるのです。

2　今からできることは何か？

多くの人は、よくわからないことや面倒くさいことは、人任せにします。もちろん、自分にとって不利なことをされたら困るけど、ある程度信頼できると思えば、すべてをその人に任せてしまうのも珍しくないようです。

ただし、**何かを判断する場合に、別の角度からの情報や意見（セカンドオピニオン）を見聞きすることはとても大切**です。少しでも違和感を感じた時にはその場ですぐに結論を出さず、「持ち帰って検討します」というゆとりがほしいものです。

数百万円単位の買い物のなかで、多くの人が意識をしないままに支払いを続けているもののひとつに生命保障があります。毎月の掛け金は1万５０００円かもしれませんが、その支払いは1回限りや1年限りで終わるのではなく、今後も長きにわたって継続します。1万５０００円の支払いだとすると1年間では18万円ですし、これを30年間続けると５４０万円の支払いとなります。それなのに、**契約する際に「５００万円以上の買い物だぞ」と意識する方は少ない**ように感じます。

いまいちど、第2章で出てきた2つのキャッシュフロー表を見比べてみてください（44頁）。45歳時点の1500万円におよぶ金融資産の差は、大きな収入の違いや家族構成の違いではなく、ちょっとした違いが長年積み重なった結果なのです。

†家計簿をつけているだけでは意味がない

お金に振り回されない、お金に困らない生活を営むために今からすぐにできるのは、「使っているお金を把握すること」です。**家計簿をつけている人はもちろんそれでいいのですが、つけているだけで把握していなければ意味がありません。**

たとえば、今、自分の貯金がどこにいくらあるのかとか、先月の家計収支がいくらの黒字（または赤字）なのかが思い浮かばないのであれば、まずはその把握が第一歩です。お金というのはすごく単純で、**入ってくる金額の範囲で支出を賄っていれば、足りなくなることはありません。**ただ、時にはまとまった大きな支出があるので、常に「その時の収入」ですべての支出が賄えるとは限りません。だからこそ、将来の支出に備えて貯めるという行動が大切なのです。そのためにも、ライフプランを作成し、キャッシュフロー表を作ることによってお金の流れを可視化することが大切なのです。

収入で賄えない支出が突然発生すると対応も難しいですが、まとまった支出はあらかじめ予測できるものがほとんどです。予測できるのであれば、備えが可能ですし、ローンを組む場合でも、余裕をもって考えられます。

ライフプランによって自分の地図を手に入れ、キャッシュフロー表によって将来の大きな支出の可能性や貯蓄残高の推移を確認し、必要な手立てを考えて行動する。言葉にするとこんなに簡単なことでも、多くの人が実行できません。まずは「日々の支出を把握すること」から始め、長期にわたるライフプランを立て、本書で学んだキャッシュフロー表を作成してみてください。

3　幸せな家計を築くポイントとは

お金と幸せについて考えながら、多くの家庭と関わってきたなかで、上手に家計を運営されている家庭に共通するポイントを5つだけご紹介いたします。

①　家庭（あるいは仲間との関係）が円満であること
②　仕事に勤勉であること

③ 生活のなかでの良い習慣を増やすこと

④ できない理由ではなく、できる方法を考えること

⑤ 問題を先送りしないこと

そして、もうひとつ大切なことは、感謝を忘れないことではないでしょうか。

私の好きな言葉のひとつに、

Ask not what your country can do for you, ask what you can do for your country.

という、ジョン・F・ケネディ大統領の演説の一文があります。

「国があなたのために何ができるかを問うより、あなたが国のために何を行うことができるか問うてほしい」という意味の有名な言葉ですが、これはとても大事な視点です。

「国」というところを「家族」とか「会社」とか「友達」とかに変えてみてください。

「何かをしてもらうことが当たり前」という視点になると、「感謝」の気持ちも芽生えないのではないでしょうか。私が考える「幸せな家計を築くためのポイント」は、つきつめると、すべてこの「感謝」に集約されるのです。

おわりに――「FPのいらない世界」

最後までお読みいただきありがとうございました。

1995年にFP資格を取得してから20年。日常生活に関わるお金まわりの知識に対する情報格差を少しでも埋めたいという思いで、これまでに数多くの講演や個別相談、インターネットを通じての情報提供に力をいれてきました。

その原動力は、自分自身で判断できる賢い消費者を増やしたいという想いであり、そのためにひとりでも多くの人にファイナンシャル・プランナー（FP）がもつ知識を身につけてほしいという願いです。本書には、そのために必要な内容をすべて盛り込んだつもりです。

「ひとりでも多くの人にFPの知識を身につけてもらいたい」という想いを、「国民総FP化」と筆者は表現しています。文字通りに解せば「国民すべてがFP資格を取得すること」となりますが、真意はそうではありません。多くの人にＦＰ知識を身につけてもらい、お金まわりのトラブルを回避してもらいたいのです。たとえるならば、車の運転免許証と同じで、多くの人が免許証を取得するために交通ルールを学ぶことで、結果として誰もが安全に生活できる状況をつくりたいのです。

世の中にあふれるお金まわりの情報は、自分の生活に直接関わるため、とりわけ気になります。しかし、基本的な知識やルールを知らずにいると、内容が理解できないために、不安だけが大きくなりかねません。思いがけない金融トラブルに発展する可能性もあります。また、不利益を被りながらも、そのこと自体に気づかない可能性もあります。

多くの人がＦＰ知識を身につけて基本的なルールが周知されるならば、トラブルが減少し、お金まわりの問題をいたずらに不安視することがなくなるかもしれません。また、よくわからない複雑な金融商品に振り回されることもなくなるでしょう。相続トラブルが原因で家族の絆にひびが入ることも防げると考えています。その結果、今この瞬間に充実した生活を送れるのであれば、筆者の希望はこれに勝るものはありません。

この度の出版においては、ちくま書房の永田士郎氏に大変お世話になりましたこと、この場を借りて御礼申し上げます。

また、休日返上で、仕事部屋に籠って原稿執筆に費やす時間が多かった私を支えてくれた妻と3人の娘たち、いつまでも手のかかる息子を気に掛けてくれている両親にも感謝の意を表します。ありがとう。

2015年5月

栗本大介

ちくま新書
1130

40代《だい》からのお金《かね》の教科書《きょうかしょ》

二〇一五年六月一〇日　第一刷発行

著　者　栗本大介（くりもと・だいすけ）

発行者　熊沢敏之

発行所　株式会社 筑摩書房
東京都台東区蔵前二-五-三　郵便番号一一一-八七五五
振替〇〇一六〇-八-四一二三

装幀者　間村俊一

印刷・製本　株式会社 精興社

乱丁・落丁本の場合は、左記宛にご送付下さい。
送料小社負担でお取り替えいたします。
ご注文・お問い合わせも左記へお願いいたします。
〒三三一-八五〇七　さいたま市北区櫛引町二-六〇四
筑摩書房サービスセンター　電話〇四八-六五一-〇〇五三

ISBN978-4-480-06836-1 C0277